Margot Käßmann

„Was steht ihr da
und seht zum Himmel?"

Margot Käßmann

„Was steht ihr da und seht zum Himmel?"

Predigten und Aufsätze

Die Deutsche Bibliothek - CIP-Einheitsaufnahme

Margot Käßmann:
„Was steht ihr da und seht zum Himmel?" :
Predigten und Aufsätze / Margot Käßmann. –
Hannover : LVH, 1999
ISBN 3-7859-0799-0

© Lutherisches Verlagshaus GmbH, Hannover 1999
2. Auflage 2000
– Alle Rechte vorbehalten –
Lektorat: Dr. Bettina Kratz
Titelgestaltung und Satz: Sperling Info Design GmbH, Hannover
Titelbild: Erich Grün, „Und Gott sprach: Es werde Licht!"
Umschlagfoto: Jens Schulze, Hannover
Druck und buchbinderische Verarbeitung: Druckhaus Pinkvoss, Hannover
ISBN 3-7859-0799-0

Inhalt

In den ersten Wochen meiner Amtszeit als Landesbischöfin der Ev.-luth. Landeskirche von Hannover gab es die unterschiedlichsten Anlässe zu Predigt und Vortrag. Viele haben mich im Anschluß um die Manuskripte gebeten. Da kam es mir sehr gelegen, daß das Lutherische Verlagshaus nachgefragt hat, ob es die Texte in einem kleinen Sammelband herausgeben könnte. So finden sich in diesem Band acht Predigten, davon zwei aus der Zeit als Generalsekretärin des Deutschen Evangelischen Kirchentages, sechs aus den ersten Wochen der Amtszeit als Landesbischöfin – Predigten im Übergang sozusagen. Außerdem sind vier Vorträge zusammengestellt, die ich in den ersten Wochen in der Hannoverschen Landeskirche gehalten habe. Frauen und Ökumene, Geistliche Leitung und Zukunft der Kirche, das sind Themen, die uns sicher auch im neuen Jahrhundert beschäftigen werden. Hinzu kommt ein Text vom Anfang des Jahres 1998 zum Thema „Gewalt überwinden". Dieses Thema liegt mir aus dem Zusammenhang des Ökumenischen Rates der Kirchen sehr am Herzen.

Da die Texte nicht allzu lang sind, hoffe ich auf kurzweilige Lektüre.

Ihre

Margot Käßmann

„Was steht ihr da und seht zum Himmel?"

(Apg 1, 11)

Predigt zum Himmelfahrtstag 1996

Liebe Gemeinde,

Himmelfahrt. Wem fällt dazu schon noch etwas ein? Ein Tag, den sich die Christinnen und Christen haben nehmen lassen, er ist zum Industriegut geworden, zum Vatertag. Er wäre sicher als kirchlicher Feiertag mit weniger Widerstand abzuschaffen gewesen als der Buß- und Bettag, aber er hat eine Lobby in der Freizeitindustrie: Maiwanderungen, Maifahrten, Maifeiern – alles verbunden mit Himmelfahrt.

Die Himmelfahrtsgeschichte ist ursprünglich nur bei Lukas am Ende des Evangeliums und zu Beginn der Apostelgeschichte belegt. Dem Markusevangelium wurde sie erst sehr spät, Mitte des 2. Jahrhunderts zugefügt. Einen historischen Anspruch kann diese Geschichte nicht erheben, sie ist keine beweisbare Tatsache, sondern Glaubensinhalt wie die Auferstehung. Das macht sie nicht weniger relevant, auch wenn heute manche wieder einmal Schlagzeilen mit der Feststellung machen, was nicht beweisbar sei, sei nicht real. Wenn wir im altkirchlichen Bekenntnis sprechen „aufgefahren in den Himmel" so machen wir uns nicht der Lüge schuldig, sondern stellen uns in die Reihe der Tradition unserer Mütter und Väter im Glauben, die aus diesen Worten Kraft geschöpft haben, durchaus auch Kraft zum Widerstehen.

Zweierlei ist mir wichtig an Himmelfahrt. Zum einen: Christinnen und Christen glauben, daß Jesus Christus eine höhere Autorität gebührt als allen anderen Mächten und Gewalten. Besonderes ist das in einem Jahr zu unterstreichen, in dem wir des 450. Todestages Martin Luthers gedenken. Keine weltliche oder geistliche Autorität kann unser Gewissen binden, sondern wir müssen es je einzeln vor Gott stellen. Immer wieder wird das gerade in Unterdrückungs- und Unrechtssituationen sichtbar, dann muß gesagt werden: „Ich stehe hier, ich kann nicht anders, Gott helfe mir, Amen." Oder wie es die Barmer Erklärung vor mehr als 50 Jahre ausgedrückt hat: „Jesus Christus, wie er uns in der Heiligen Schrift bezeugt wird, ist das eine Wort Gottes, das wir zu hören, dem wir im Leben und im Sterben zu vertrauen und zu gehorchen haben". Das traditionelle Himmelfahrtslied „Jesus Christus herrscht als König" drückt das ebenso aus wie die Geschichte der Generalsekretärin des sambischen Kirchenrates Violeth Sampa Breth, die sich weder durch Einschüchterung noch tätliche Angriffe davon abbringen läßt, Unrecht beim Namen zu nennen. Durch die Jahrhunderte hindurch gibt es da mitten in Alltag und Realität Hoffnung, Vision oder auch Utopie, dieses vorwärtsdrängende Verlangen nach einem neuen Himmel und einer neuen Erde, in denen Gerechtigkeit wohnt.

Das andere aber: Die Himmelfahrtsgeschichte läßt die Utopien nicht in den Himmel fahren, wie viele meinen. Nein, Jesus weist die Seinen zurück nach Jerusalem, mitten in diese Welt hinein. Er schickt sie nicht in die Wüste zur Meditation, er nimmt sie nicht mit sich in den Himmel. Der Bericht ist ganz nüchtern: Er segnet seine Jüngerinnen und Jünger, scheidet von ihnen, und sie kehren zurück in großer Freude (Lk 24, 50-53). Am Anfang der Apostelgeschichte ist

Lukas ausführlicher, beschreibt die Fragen der Anhängerinnen und Anhänger Jesu. Jesus sagt ihnen zu, daß sie die Kraft des Heiligen Geistes empfangen und seine Zeuginnen und Zeugen sein werden (Acta 1,8). Und als Jesus gen Himmel gefahren ist, sind da zwei Männer „Die sagten: Ihr Männer von Galiläa, was steht ihr da und seht zum Himmel?" (Acta 1,11)

Was steht ihr da und seht zum Himmel? Die Versuchung ist immer wieder da. Entfliehen, in eine bessere Zeit. Sich in den Himmel wünschen und das Elend hier vergessen. Solche Weltflucht läßt das Christsein nun gerade nicht zu, und das ist für mich von elementarer Bedeutung. Die Welt ist der Bewährungsort des Glaubens, nicht der Himmel, auch nicht die Kirche. Letztere ist Ort der Stärkung auf dem Wege, sie kann zur Gemeinschaft werden, die einander trägt, Ort des Gebetes und der spirituellen Wegzehrung. Aber sie darf nicht dienen dem Rückzug, sondern der Sendung. Dabei geht es nicht darum, das Reich Gottes auf die Erde zu holen, es geht auch nicht um einen Triumph. Der Weg zur Himmelfahrt führt über das Kreuz. Leben, Sterben, Auferstehung und Himmelfahrt Jesu sind Teil eines Ganzen, sind Ausgangspunkt des Glaubens, daß der Tod nicht das letzte Wort hat, nicht die letzte Machtinstanz ist, auch wenn er uns von allen Seiten bedroht. Die Hoffnung der Christinnen und Christen reicht über diese Welt hinaus. Das besagt nun nicht, daß sie sich allzu lange bei der Frage nach dem Wie und Was des Himmels beschäftigen müssen bzw. sollten, aber es kann Quelle einer großen Freiheit im Leben sein.

Die heute vielfach benannte Sehnsucht nach Geborgenheit – sie hat ihren legitimen Ort an Himmelfahrt. Jesu Leben und Sterben, sein ganzer Weg wird als Weg zu Gott erfahren. Gleichzeitig aber läßt dieser Weg unmißverständlich die Weltzugewandtheit Gottes erkennbar werden. Sie kann die Furcht nehmen, dazu ermutigen, unerschrocken in dieser Welt Widerstand anzumelden gegen die Verzerrung des Menschlichen wie des Göttlichen, die Zerstörung der Schöpfung. Himmelfahrt sendet uns mitten hinein in die Welt, die oikumene: Zeuginnen und Zeugen der Geschichte Gottes mit dem Volk Israel, mit Jesus, mit dieser Welt sein, das ist die Aufgabe, zu der uns Jesus sendet, gerade an Himmelfahrt. Es geht nicht um das Ende, sondern um den Anfang eines Weges, an dessen Ende wir auf einen neuen Himmel und eine neue Erde hoffen, in welchen Gerechtigkeit wohnt, und in dessen Verlauf wir Spuren dieser Hoffnung setzen. Den Himmelfahrtstag sollten wir uns nicht entfremden lassen.

Das reformatorische Erbe – aktueller denn je

(Phil 2, 12–13)

Predigt zur Einweihung des Evang. Studienhauses Göttingen, 30.10.99

Liebe Gemeinde!

Nach dreijähriger Umbauzeit kann heute nun das Evangelische Studienhaus hier in Göttingen eingeweiht werden. ESG, Studienkonvikt und Studienseminar kommen zusammen, sollen ein Haus nun werden. Lassen sie uns deshalb ein wenig darüber nachdenken, wie ein solches Evangelisches Studienhaus denn wirken könnte als ein Haus der lebendigen Steine. Von einem solchen ist im ersten Petrusbrief als geistlichem Haus die Rede, und diese Passage werden wir anschließend bei der Einweihung hören.

Am Vorabend des Reformationstages können dabei sicher Grundaussagen der Reformation wegweisend sein. Vielleicht ist es gerade gut, sie mit Blick auf diesen ganz besonderen Reformationstag ins Gedächtnis zu rufen, den wir mit der Unterzeichnung der Gemeinsamen Offiziellen Feststellung zur Bestätigung der Gemeinsamen Erklärung morgen in Augsburg vor uns haben.

1. Zentrale Aussage des Protestantismus ist das *sola gratia* der Reformatoren. Allein aus Gnade sind wir von Gott akzeptiert. Im dritten Kapitel des Römerbriefes fand Luther den entscheidenden Hinweis: wir „werden ohne Verdienst gerecht aus seiner Gnade durch

die Erlösung, die durch Christus Jesus geschehen ist". (3,24)

Das kann als grundsätzliche Lebenszusage verstanden werden. „Du bist wichtig, du bist geliebt, du bist wertvoll, du bist gemeint". Nicht weil du bist, wie du bist, das nicht, sondern obwohl du bist wie du bist. Zusage von Lebenswert, weil jeder Mensch Gottes Geschöpf ist, Zusage, die aller eigenen Leistung vorangeht – das ist eine wichtige evangelische Botschaft, die in einer Leistungsgesellschaft revolutionär wirken kann, in der die Starken und Schönen, die Reichen und Erfolgreichen, die Jungen und Gesunden allein zählen. Das kann auch an der Hochschule eine wichtige Botschaft sein für die, die um Leistung ringen, mit Versagensängsten zu kämpfen haben.

Vor Gott zählt nicht, ob ich die Klausur bestehe oder nicht – wobei Gott keine Entschuldigung für Faulheit darstellt! – ob ich Arbeit habe oder arbeitslos bin, ob ich behindert, ob heimatlos als Flüchtling, ob ich alt bin oder einsam. Gott liebt jeden und jede von uns, ohne daß wir eine Vorleistung erbringen. Ja, Gott liebt gerade die Benachteiligten. Das lernen wir neu, wenn Christinnen und Christen in den Slums von Lateinamerika sagen: Jesus ist einer von uns in den Favelas. Wie er vor die Tore der Stadt getrieben und gekreuzigt wurde, so werden auch wir vertrieben und um unser Leben gebracht. Die Würde jedes Menschen, ob in der Wohlstandsgesellschaft oder im Elend des Südens, sie ist von Gott gegebene Würde, weil wir alle in Gottes Bild geschaffen sind. Das ist traditionell Thema von ESG-Arbeit, wird auch Thema hier sein.

Sola gratia, allein aus Gnade: Nicht wir leisten, sondern Gottes Wollen und Vollbringen – so Paulus im Brief an die Philipper – wirkt in und durch uns. Im Wissen um Gottes Existenz leben: Wie können wir davon reden in unserer Zeit und Welt? Ob das Studienhaus ein Ort sein könnte, hier um Sprache zu ringen? Gerade weil ja Pastorinnen und Pastoren vom Studienseminar, Theologiestudierende und Studierende anderer Fakultäten sich begegnen. Wie ist davon zu sprechen in der Welt der Wissenschaft, daß die Begegnung mit Gott Tiefendimensionen unseres Lebens eröffnet, die wir normalerweise verdrängen? Wer nimmt sich Zeit, über den Sinn des Lebens nachzudenken im Lehrbetrieb, wenn nicht die Menschen in einem Evangelischen Studienhaus? Daß dies über Fakultätsgrenzen hinweg, interdisziplinär erfolgt, das ist zu wünschen!

2. *sola fide*, allein aus Glauben. Die reformatorische Erkenntnis wuchs für Luther in der Auseinadersetzung mit dem Brief des Apostels Paulus an die Römer Kapitel 3 Vers 28: „So halten wir nun dafür, daß der Mensch gerecht wird ohne des Gesetzes Werke, allein durch den Glauben". Allein aus Glauben – das ist als Ermutigung zu verstehen. Allein aus Glauben, da geht es um die Freiheit der Einzelnen, das sich Nicht-Beugen unter autoritäre Strukturen und Gehorsamsforderungen, das Anfragen jeden Absolutheitsanspruches als einen der Grundpfeiler unseres Verständnisses von christlicher Existenz. Hier liegt der Kern der evangelischen Freiheit, die den einzelnen zumutet, unabhängig von letztgültigen weltlichen oder kirchlichen Instanzen aus der zugesprochenen Gerechtigkeit heraus unseren Glauben zu leben, das eigene Gewissen zu schärfen und Verantwortung zu übernehmen für Gottes Welt. Solches Gewissenschärfen ist notwendig gerade unter den Akademikerinnen und Akademikern im Land.

Selig werden wir nicht, indem wir mit einer Tradition übereinstimmen, soundsoviele Regeln befolgen, diese und jene Leistung erbringen, sondern allein aus Glauben. Und auch um diesen Glauben können wir nur immer wieder ringen, gerade in unserer so säkularen, weltlichen Zeit, wir können ihn nur als Geschenk erbitten. Zweifel ist erlaubt, Ringen mit Gott und auch Scheitern an den eigenen Ansprüchen ist möglich. Daß Vergebung möglich ist – davon haben wir zu reden, auch hier im Studienhaus.

Wer dem allein aus Glauben, dem sola fide vertraut, wird die Kraft haben, den vielen Heilsangeboten und scheinbar eindeutigen Antworten unserer Zeit zu widerstehen. Es besagt, daß gerade die Evangelischen sich auf die Unruhe unserer Zeit furchtlos einlassen, die Unsicherheiten aushalten können. Die große Anziehungskraft von Sekten in unserer Zeit besteht wohl gerade darin, daß sie vermeintliche Sicherheit anbieten und unbedingten Gehorsam fordern. Die Freiheit, die uns das sola fide gibt, sollten wir verteidigen, sie ist ein kostbares Gut.

Es gibt – wie Bonhoeffer sagte – keine billige Gnade und auch keinen billigen Glauben. Um die Freiheit und die Verantwortung will gerungen werden. Wenn wir unsere Verantwortung als Christinnen und Christen füreinander und für kommende Generationen, für Gerechtigkeit und Frieden wahrnehmen, können wir nicht delegieren, wir müssen unser Tun und Lassen verantworten. Wenn das keine wichtige Botschaft ist, mit der sich ein Evangelisches Studienhaus auseinanderzusetzen hat!

3. *sola scriptura*, allein die Schrift. Vor Jahren habe ich ein Kloster in Rußland besucht. Viele junge Frauen arbeiteten da hart in der Landwirtschaft. Die Leiterin war stolz darauf, so viele von ihnen für den Orden gewonnen zu haben. Bei einem Rundgang fragte ich, ob diese Frauen, die ja in einer sozialistischen Gesellschaft aufgewachsen waren, in der der Glaube an den Rand

gedrängt wurde, auch zum Bibellesen angeleitet würden. Nein, sagte die Mutter des Klosters, das ist nicht notwendig. Denn: Du mußt nur der Ikone in die Augen schauen und schon verstehst du den ganzen Glauben und die ganze Lehre.

Das hat natürlich meinen protestantischen Widerspruchsgeist erregt. Was war und ist das eine Errungenschaft Luthers, die Bibel ins Deutsche zu übersetzen, so daß jeder Mann und jede Frau sie selbst lesen können. Welche Befreiung und Emanzipation war das! Welche Wortkunst auch – keine spätere Übersetzung hat Luther wirklich übertreffen können.

Auch hier gilt für mich: Dieses kostbare Reformationserbe sollten wir nicht aufs Spiel setzen, indem wir unsere Bibeln im Schrank einstauben lassen, auch nicht hier im Studienhaus! Alle Kommentare und wissenschaftlichen Errungenschaften dürfen uns die Bibel nicht entfremden. Hier liegt ein Schatz von Menschheitserfahrung, von Erfahrung des Volkes Gottes auf seinem Weg. Urgeschichten sind da zu lesen von Liebe und Haß, von Habgier und Neid, von Vergeben und Heilen. Und es geht um das Vertrauen zu Gott, den Glauben, der immer wieder all diese menschlichen Regungen, die menschliche Vernunft übersteigt. Die Weisheit der Geschichten, der Trost der Psalmen, sie haben über Jahrtausende bewiesen, daß sie in Leid und Not Worte bergen, die Hoffnungsanker sein können. Sie werden verstanden in aller Welt.

Aber, bei aller Übersetzungskunst Luthers: Es ist wichtig, als Theologinnen und Theologen die Bibel im Urtext lesen zu können. So viel Mühe es auch machen mag für viele im Gerhard Uhlhorn-Studienkonvikt, die Sprachen zu erlernen – manches läßt sich anders verstehen, anders entdecken im Urtext. Beim Kirchentag habe ich das immer wieder erlebt.

Bei der Bibellektüre wie beim Theologietreiben bleibt das vierte solus, solus Christus, im Zentrum. In unserer Welt von Jesus und von Christus zu reden, ist eine gewichtige Aufgabe. Das gilt vor allem, weil heute der Tod radikal aus dem Leben ausgeblendet wird. Und gleichzeitig, ja in der Konsequenz überhöhte Todesfurcht vorherrscht. Jesus am Kreuz zu sehen, für uns gestorben, Christus als Auferstandenen zu erkennen – das bleibt die zentrale Aufgabe für die Auseinandersetzung mit der Schrift. Ja, von Auferstehung ist auch zu reden, und das dürfte gerade in Göttingen eine Herausforderung der besonderen Art sein.

4. *ecclesia reformata semper reformanda est.* Nach reformatorischer Grundüberzeugung existiert die Kirche nicht ahistorisch, sondern ist Teil von Zeit und Raum, die Gott geschaffen hat. Sie mag ihrer Zeit im Widerstand angehören, sie mag die prophetische Stimme erheben, aber immer ist sie auch Teil der geschichtlichen Entwicklung, samt ihrer Irrtümer. Daß diese Beweglichkeit kirchlicher Existenz, die die Reformatoren erwarteten, bei allen Vorzügen manche auch abschreckt, so daß sie sich lieber geschlossenen Welt- und Kirchenbildern anschließen, ist verständlich. Aber: Erneuerung ist dringend geboten, heute wie zu jeder Zeit, während gleichzeitig die Kräfte des Beharrens zu jeder Zeit stark sind. Das mußte ja auch Luther erleben.

Ein Beispiel der notwendigen Erneuerung im evangelischen Bereich ist die Vereinzelung und Individualisierung, unter der unsere Gesellschaft heute so leidet und die durchaus auch eine Gefahr im Protestantismus ist. Daher ist es wichtig, soziale Elemente unserer Tradition neu zu entdecken, wie dies beispielsweise die feministische Theologie mit ihrer Betonung der Beziehung und der Leiblichkeit des Glaubens tut. Ein wichtiges Beispiel ist für mich die Erneuerung unserer

Abendmahlstradition. Wir teilen Brot und Wein und werden so communio sanctorum sein – noch so ein Schlüsselwort der Reformation. *Communio sanctorum,* das bedeutet zugleich Teilhabe am Heiligen, am Sakrament, Gemeinschaft mit Gott und auch Gemeinschaft der Heiligen, die im Kreis um den Altar stehen. Ich wünsche mir, daß das Evangelische Studienhaus ein Ort der Begegnung und der Gemeinschaft ist. Solche Orte sind wichtig, gerade dort, wo viele sich einsam fühlen – und das tun sie im Hochschulbetrieb. Ein solches Studienhaus kann auch der Ort spirituellen Lebens sein. Hier kann christliche Gemeinschaft in neuen Formen gelebt werden, als Modell, das in die Kirche hinein wirkt.

„Ich stehe hier, ich kann nicht anders" – ob nun Zitat oder nicht, Luther in Worms hatte ein klares Profil seiner Botschaft. Heute gibt es eher Befürchtungen, ein zu starkes Betonen des eigenen Profils könnte den ökumenischen Dialog gefährden. In ein Gespräch können aber nur diejenigen treten, die wissen, wer sie selbst sind. Denn im Dialog muß ich mein Gegenüber erkennen können. Deshalb ist es wichtig, sich am Reformationstag der eigenen Tradition zu erinnern. Die Gemeinsame Erklärung sehe ich als Schritt aufeinander zu, es ist wichtig zu erklären, daß die Verwerfungen des 16. Jahrhunderts die Darstellung der Lehre nicht mehr treffen, wie sie heute erfolgt. Gleichzeitig ist zu wünschen, daß ein Evangelisches Studienhaus auch evangelisches Profil zeigt als Haus der lebendigen Steine, als Ort geistlicher Kraft hier in Göttingen, am Sitz einer großen Universität.

Solche Profilgewinnung geschieht nicht über „abwarten und Tee trinken" – auch wenn letzteres gewiß eine Rolle spielen wird hier im Haus am Kreuzberg. Sie läßt keine Delegationsmöglichkeit und keine Beliebigkeit.

Ich selbst bin gefragt, niemand kann mir die Verantwortung für mein Leben vor Gott abnehmen. Dabei ist auch das Scheitern aufgehoben in der Gnadenzusage Gottes, dessen Wollen und Wohlgefallen in uns wirken wird.

Entscheidend ist nach Luther das Vertrauen (fiducia), während die Ursünden des Menschen der Hochmut (superbia) und die Resignation (resignatio) sind. Weder Hochmut noch Resignation also, sondern das Wissen: Wir sind getragen durch die Zusage von Gottes Gnade und Wort, wir sind herausgefordert durch Glaube und die Notwendigkeit der Erneuerung unserer Kirche. Sola gratia und sola fide, sola scriptura, solus Christus und semper reformanda – allein durch Gnade, allein durch Glauben, allein die Schrift, Christus allein und beständige Erneuerung unserer Kirche - das reformatorische Erbe ist ganz aktuell. Es hat seine Bedeutung nicht verloren, sondern kann uns neu den Weg weisen in unserer zerrissenen Welt, die nach Gerechtigkeit und Frieden, nach Erneuerung sucht.

Und der Friede Gottes, der höher ist als alle unsere Vernunft, bewahre unsere Herzen und Sinne in Christus Jesus.

Amen

Vom ungläubigen Thomas

(Joh 20, 19–29)

Predigt zur Einführung als Landesbischöfin
Marktkirche Hannover, 4.9.1999

Gnade sei mit euch und Friede von Gott und dem Herrn Jesus Christus.

Liebe Gemeinde, ein gutes, ein schönes Zusammensein ist das heute hier in Hannover. Abschieds- und Geburtstagsfest für den einen, Willkommensfest und Einsegnung für die andere. Ein wenig Kirchentagsstimmung spüre ich, das tut mir gut und tut, so hoffe ich, uns allen gemeinsam gut. Solche Gemeinschaft, solche Festzeiten stärken uns für den Alltag, stärken den Glauben.

Denn mit dem Glaubensalltag ist es heute ja wahrhaftig nicht einfach! Ein Rabbi, der durch Palästina zieht, eindrucksvoll predigt, Menschen heilt, aber dann doch als Volksverhetzer hingerichtet wird – der: für uns gestorben, auferstanden, den Tod überwunden, Gottes Sohn? Der soll für mich eine Bedeutung haben 2000 Jahre später? Schwer zu glauben! Die einen sagen, sie brauchen diesen Glauben nicht als aufgeklärte Menschen der Postmoderne. Die anderen machen sich lustig über die hinterwäldlerischen Christen: du in der Kirche – hast du das nötig? Wieder andere schließlich greifen durchaus scharf an: die Kirche hat zu viele Privilegien im Staat. Und wir in der Kirche? Wir ziehen uns oft, allzu oft zurück, verärgert, verletzt, verzagt, vorwurfsvoll – und damit nicht gerade anziehend. Dabei müssen wir doch gerade heute vom Glauben reden, weil wir die Zukunft der Welt kritisch zu begleiten und mitzugestalten haben. Worauf soll diese Zukunft denn aufgebaut werden, wenn nicht auf Glaube und Vernunft? Wir brauchen beides, dringend.

Es ist geradezu beruhigend, daß schon die johanneische Gemeinde vor nahezu 2000 Jahren mit dem Phänomen des Unglaubens zu kämpfen hatte. Die Geschichte vom ungläubigen Thomas, aus der der Lehrtext für den heutigen Tag stammt, ist ein gutes Beispiel dafür. Im 20. Kapitel des Johannesevangeliums heißt es:

(24) Thomas aber, der Zwilling genannt wird, einer der Zwölf, war nicht bei ihnen, als Jesus kam.

(25) Da sagten die anderen Jünger zu ihm: wir haben den Herrn gesehen.

Er aber sprach zu ihnen: Wenn ich nicht in seinen Händen Nägelmale sehe und meinen Finger in die Nägelmale lege und meine Hand in seine Seite lege, kann ich's nicht glauben.

(26) Und nach acht Tagen waren seine Jünger abermals drinnen versammelt, und Thomas war bei ihnen. Kommt Jesus, als die Türen verschlossen waren, und tritt mitten unter sie und spricht: Friede sei mit euch!

(27) Danach spricht er zu Thomas: Reiche deinen Finger her und sieh meine Hände und reiche deine Hand her und lege sie in meine Seite, und sei nicht ungläubig, sondern gläubig!

(28) Thomas antwortete und sprach zu ihm: Mein Herr und mein Gott!

(29) Spricht Jesus zu ihm: Weil du mich gesehen hast, Thomas, darum glaubst du. Selig sind, die nicht sehen und doch glauben.

Thomas überwindet den Zweifel und findet zum Glauben. Wie wird Glauben möglich? Vielleicht können wir uns den Antworten von Johannes am besten annähern, wenn wir uns die Protagonisten der Erzählung genauer ansehen.

Da ist zunächst Thomas. Er gehört zum engeren Kreis der Jüngerinnen und Jünger. Er war nicht anwesend, als Jesus den Jüngern erschien und sie in die Nachfolge gesandt hat, sie autorisiert hat, Sünden zu vergeben und zu behalten. Selbstbewußt erzählen sie nun: Wir haben den Herrn gesehen. Thomas muß sich ausgeschlossen fühlen. Du warst nicht dabei, als das Wichtigste passierte. Du hast ja nicht erlebt wie ... Thomas zweifelt, oder sagen wir, gibt sich als Wissenschaftler: Was ich nicht selbst gesehen und erlebt habe, glaube ich nicht. Mehr als nur sehen will er, er möchte tasten, anfassen. Er will selbst die Hand in die offene Wunde legen. Thomas kann das Leiden nicht vergessen. Er hat es ja selbst gesehen: Jesus hat ganz real gelitten, ist gestorben am Kreuz. Dem Evangelisten Johannes geht es vor allem darum, dass der Auferstandene kein anderer ist als der Irdische, dass Christus kein anderer ist als Jesus selbst. Das ist für die Nachfolge von zentraler Bedeutung.

Doch ebenso wie Thomas den Glauben der anderen nicht einfach übernehmen kann, so kann er sich seine Gewißheit auch nicht selbst schaffen. Acht Tage muß er warten bis zum Sonntag, dem ersten Tag der Woche. Dieses Mal hat er sie nicht verpaßt, die Chance, den Sinn seines Lebens zu begreifen. Stellen sie sich bloß vor, Thomas wäre zum Shopping gegangen ...

Was überzeugt ihn denn nun? Seine Antwort auf das Erscheinen des Auferstandenen heißt ja: „Mein Herr und mein Gott". Umittelbares Vertrauen, geschenkter Glaube! Es gibt solche Momente im Leben, da geschieht das. Die Angst schnürt mir den Hals zu und plötzlich finde ich Worte zum Beten. Ein Kind wird geboren und ich kann danken, weil ich sehe, das ist ein Wunder, das ist mehr als ich verstehe. Solchen Glauben kann keiner und keine von uns schaffen, leisten, erringen. Aber solcher Glaube braucht offene Herzen und offene Türen, Aufmerksamkeit für Gott. Thomas hat warten müssen und er hat gehofft auf diese Begegnung. Er ist in der Gemeinschaft geblieben, nicht beim ersten Zweifel, der ersten Enttäuschung gleich ausgetreten. Seine Glaubensfragen waren ihm existentiell wichtig. Zum Glauben gehört auch ein eigenes Ringen, das sich nicht ablenken läßt, auch nicht durch das, was manchmal ärgerlich sein mag an der Kirche.

Glaube wird also geschenkt. Aber er wird auch erbeten und ringt mit dem Zweifel. Glaube beruht auf dem Wagnis, sich anzuvertrauen.

Und nun: Die Jünger, oder sagen wir: die Menschen, die Jesus nachfolgen wollen, damals wie heute.

Thomas ist ja durchaus nicht der einzige, der zweifelt. Auch die anderen werden erst in Bewegung gesetzt, als sie selbst gesehen haben. „Selig sind, die nicht sehen und doch glauben" – unsere Geschichte geht sehr kritisch mit all den beschriebenen Wundern und Erscheinungen um. Gottes Wort, wie es in Jesus sichtbar wurde, steht im Zentrum, wie es auch am Beginn des Evangeliums steht: Am Anfang war das Wort. Das haben wir in der lutherischen Tradition ins Zentrum gestellt. Hier erwarte ich auch den Ausgangspunkt für die Erneuerung der Kirche: Die Bibel erzählt vom Glauben. Und wir müssen von den Erfahrungen und Geschichten des Glaubens weitererzählen in unserer Zeit. Wir müssen uns neu der Bibel zuwenden. Viel zu oft reden wir über alles mögliche, aber nicht von diesen Texten.

Wie sagte die Frau aus dem Pazifik: Ich weiß nicht, was ihr Deutschen für Probleme mit dem Glauben habt.

Die Geschichten, die Jesus vom Kanu aus erzählt hat von Senfkorn, Sauerteig und Saat, das versteht der dümmste Mensch in meinem Dorf!

Christlicher Glaube schwebt nicht irgendwo in der Luft, sondern bezieht sich auf die Bibel als Grundlage und kritisches Pendant der eigenen Glaubenserfahrung. Der Glaube der Kirche ruht noch immer auf der Glaubenserfahrung der ersten Zeuginnen und Zeugen. Beweise, die den Glauben überflüssig machen, sind diese aber nicht. Wir begegnen heute dem Auferstandenen in Wort und Sakrament, in Meditation und Gebet – und in anderen Menschen. Davon haben wir zu reden in unserer Zeit und Sprache, wir können davon Zeugnis geben. Unseren Kindern. Unseren Mitmenschen. Der Welt.

Zu solchem Hören und Erzählen ruft Jesus Männer und Frauen in die Nachfolge. Die Bevollmächtigten, die nach unserem evangelischen Verständnis eben nicht nur die Pfarrerinnen und Pfarrer, Bischöfinnen und Bischöfe sind, sondern alle Getauften. Jeder und jede kann dem anderen Zeugnis abgeben vom eigenen Glauben. Das ist ja wohl das einander Priestersein: Sich hinwenden, zuwenden. Maria von Magdala ist nach Johannes die erste. Sie erhält direkt den Auftrag, zu den Brüdern zu gehen und zu berichten. Sie ist die erste, die sagt: Ich habe den Herrn gesehen. Also ist sie Apostelin. Wenn Johannes später nur von den Jüngern spricht, mag das daran liegen, daß es in unserem Text um Vollmacht und Bevollmächtigung in der frühen Kirche geht. Frauen werden als die ersten als Zeuginnen der Auferstehung anerkannt. Aber sie als diejenigen zu verstehen, die auch die Kirche leiten, das war um 100 oder 300 nach Christus zu viel verlangt – für manche vielleicht ja gar noch heute ...!

Es geht beim Glauben um das Hören und das Reden des Wortes Gottes. Und: wir müssen das Wort leibhaftig wahrnehmen. Das Wort ward Fleisch. Es bleibt ja nicht abstrakt, intellektuell, kopflastig. Ihr lieben Protestantinnen und Protestanten, laßt uns neu die Sinnlichkeit des Wortes lernen. Mit Feiern und Tanzen, Lachen und Weinen, Trauern und Loben, Meditieren und Singen!

Glaube also muß auf der biblischen Grundlage stehen und er muß bezeugt, er muß in Wort und Leben lebendig werden.

Schließlich zu Jesus. Er kommt mit dem Friedensgruß. Jesus tritt durch verschlossene Türen. „Friede sei mit euch". Das sagt er immer wieder, das ist sein Leitmotiv. Und was heißt das nicht alles, wenn uns tatsächlich Frieden zugesprochen wird. Weiß Gott, wir sind unfriedlich! Jeder und jede von uns. Da wird Häme ausgeschüttet, wenn jemand versagt, gegeifert über die anderen. Auch über eine Regierung, die um den rechten Weg ringt, das kennen Sie gut, Herr Bundeskanzler. Da ist die Angst vor allem Fremden, die Abgrenzung gegenüber den anderen. Und das alles ist ein Unfriede, auf dem ganz schnell und leicht Haß zu säen ist. Wir alle haben das im Kosovo in den letzten Monaten vor Augen geführt bekommen. Aber doch nicht nur dort. Auch in Ruanda und Burundi. In Äthiopien und Eritrea. In China und Taiwan. In Indonesien und Osttimor. In Nordirland. Und machen wir uns nichts vor, auch in unserem eigenen Land. Weiß Gott, diese Welt ist voller Unfrieden. Können wir so auftreten, liebe Gemeinde, Frieden zusagen einer vom Unfrieden im Kleinen wie im Großen zerrissenen Welt? Das ist immer noch meine große Hoffnung. Daß wir als Christinnen und Christen, die in so vielen Ländern und Kulturen existieren, einander diesen Frieden zusprechen können und damit einen Beitrag leisten zum Frieden vor Ort wie zum Frieden der Welt.

Friede sei mit euch! Der Friedensgruß schafft Gemeinde. Liebe hier Versammelte, auch ihr, wir, Sie sind heute erst einmal eine Art zusammengewürfelte Menge. Hier drinnen in der Kirche und draußen auf dem Platz. Menschen aus den hannoverschen Kirchenkreisen und besonders geladene Gäste, Mitglieder der Familie von Altbischof Hirschler und meiner Familie, Fremde und Freundinnen und Freunde. Laßt uns heute hier Gemeinde werden durch Gottes Geist. So bitte ich Sie, Ihren Nachbarn, Ihre Nachbarin wahrzunehmen, einander jetzt und hier zu sagen: Friede sei mit dir. Ob Fernsehübertragung oder nicht, diese wenigen Momente sollten wir uns nehmen. –

Jesus sagt nicht: Thomas, ich bin enttäuscht von dir. Du hättest doch auf Anhieb glauben müssen! Dann wäre die Seligpreisung derer, die nicht sehen und doch glauben, eine richtige Gesetzespredigt. Nein, Jesus hat eine un-glaubliche Nachsicht mit dem Unglauben, mit dem Zweifel – ich habe den Eindruck: viel mehr als seine Kirche. Er geht liebevoll auf Thomas zu. So ist Jesus ja auch zu Lebzeiten auf Menschen zugegangen, auf die Frau am Brunnen, den Zöllner. Jesus nachfolgen heißt deshalb für mich heute genau das: sich den Menschen zuwenden in ihren Ängsten und Nöten. Das gehört zum Friedensgruß: Offenheit. Aufmerksamkeit. Zulassen. Wahrnehmen. Zärtlichkeit. Verständnis für die anderen, wie sie sind. Bis hin zur Feindesliebe.

Noch einmal: Wie entsteht Glaube? Doch auch heute nicht durch das Sehen. In den letzten Wochen hatte ich ja so manche Talkshowerfahrung. Und habe mir überlegt: wie wäre es, wenn wir den Auferstandenen da heute sehen könnten? Stellen sie sich vor, er wäre die neue Sensation. Käme zu Beckmann und zu III nach 9, vielleicht sogar in die Nachmittage zu Schäfer, Fliege und sonstwem. Zeigte seine Wunden. Welch ein Ereignis! Und wie schnell würde der Ruhm verblassen und diese Sensation durch andere abgelöst? Glaube entsteht durch Beweise wahrhaftig nicht! Der entsteht nur durch eine Vertrauensbeziehung. Eine Beziehung, bei der ich sagen kann: Gott, mein Herr und Jesus, meine Mutter, mein Bruder und mein Freund.

Thomas überzeugt, daß Jesus ihm seine Wunden und seine Verletzungen zeigt. Wunden berühren, Schmerz teilen, das ist ein ganz sensibles, intimes Geschehen. Meine Wunden und meine Verletzbarkeit zeige ich nur einer Person, der ich zutiefst vertraue. Die Schutzhaut ist dann weg. Jesus zeigt sich Thomas in der Verwundbarkeit des Lebens. Er überwindet damit die menschliche Grunderfahrung von Verschlossenheit und schafft eine Begegnung, die Vertrauen eröffnet. Der Zweifel wird aufgehoben, weil eine Berührung im Schmerzvollen möglich ist. In dieser Berührung wird Thomas auch etwas gespürt haben von dem Erschrekken vor dem ganz anderen Leben, das über unsere Zeit und Welt hinausgeht. Wer sich auf Gott einläßt, erkennt, daß was wir sehen, nur Stückwerk ist.

Der Evangelist Johannes zeigt uns drei Zugänge zum Glauben: Glaube wird geschenkt, aber er bedarf auch des Ringens. Der Glaube gründet sich stets auf Gottes Wort. Und er wird möglich, weil Jesus Christus uns Frieden zusagt. Was folgt daraus für den Glauben heute? Für die christliche Gemeinde sind Wahrnehmen und Hinhören von elementarer Bedeutung: Da sind die Schulängste des kleinen Mädchens ebenso wie die Einsamkeit des alten Mannes. Da ist die Überlastung der alleinerziehenden Mutter ebenso wie der Stolz der erfolgreichen Unternehmerin, die Freude am Aufstieg des Geschäftsmannes wie der Wahlsieg des Politikers. Meine Hoffnung ist, daß die Kirche der Ort ist, an dem sie alle ihren Platz wissen. Mit Angst und Sorge, aber auch mit Freude und Erfolg. Daß sie eben hier die Gemeinschaft des Vertrauens finden, die uns so oft verloren geht in unserer Zeit.

Wahrnehmen und Hinhören heißt gerade nicht, die Menschen nur selbstbestätigen. In den letzten Wochen wurde ich gemahnt, Sünde und Schuld und Verfehlung nicht aus dem Blick zu verlieren. Der, dem wir nachfolgen, aber hat doch Menschen bestätigt und ermutigt mitten in ihren kleinen und kleinlichen Verhältnissen. Die Menschen spüren doch ihre Verlorenheit, Einsamkeit, Sinnlosigkeit in all ihrer Sattheit, sobald sie die Ablenkungen vom Leben abschalten. Die Kirche hat Menschen aufzurichten und nicht kleinzuhalten. Wir brauchen Menschen mit Rückgrat und Widerstandskraft, mit Würde. Ist die Kirche aber der Ort, an dem Menschen sich zuallererst angenommen wissen, entwickelt sich auch die Freiheit, vom eigenen Versagen zu reden. Daraus entsteht ein Schutzraum, in dem ich Trauer zulassen kann und mir meine Tränen nicht peinlich sind. Verletzungen und offene Wunden können sichtbar werden. Wir werden in die Lage versetzt, zu beichten und zu bekennen. Wo Glaube ist, da ist auch Zweifel und Anfechtung. Aber auch Freude, Lebensmut, ja Lebensmittel im besten Sinne.

Der Auferstandene wird daran erkannt, daß er durch das Zeigen seiner Verletzungen Verschlossenheit öffnet und Vertrauen, Glauben ermöglicht. Jesus ist nahbar, aufmerksam und im besten Sinne dieses altmodischen Wortes barmherzig. Das heißt für die, die ihm nachfolgen, die Christinnen und Christen, die Kirche: Wir können unsere Berührungsängste ablegen! Christinnen und Christen haben einen Schatz und eine große innere Freiheit durch ihren Glauben. Das können wir auch fröhlich nach außen ausstrahlen und damit einladen, um den Glauben zu ringen. Wir können aufmerksam sein für die Situation der Menschen und der Welt, einladend und gesprächsfähig. Wir können die Hand in offene Wunden legen. Prophetisches Zeugnis gehört zu unseren Aufgaben. Laßt uns Kirche mit anderen sein. Gerade mit denen, die suchen und zweifeln. Wer entschlossen ringt, ist letzten Endes in der Wahrheit.

So setzt sich in der Beauftragung seiner Botinnen und Boten fort, was Jesus selbst gelebt hat. Auf der Grundlage der biblischen Überlieferung sind wir so glaubensstark und hoffnungsfroh mitten in unserer Zeit und Welt. Wir können durch verschlossene Türen gehen und sagen: Friede sei mit euch. Denn: Glaube, das habe ich von Ihnen gelernt, lieber Heinz Zahrnt, Glaube ist das herzliche Vertrauen auf Gott als Antwort auf die Angst der Welt.

Zu solchem Glauben helfe uns Gott heute und morgen.

Und der Friede Gottes, der höher ist als alle unsere menschliche Vernunft, bewahre unsere Herzen und Sinne in Christus Jesus.

Amen.

„Es ist dir gesagt, Mensch, was gut ist"

(Mi 6, 8)

Predigt beim Generalkonvent Osnabrück
Quakenbrück, 22.9.1999

Liebe Gemeinde,

Micha 6, 8 als Losung des Tages, wie könnte ich da widerstehen? Der erste Teil dieses Verses war die Losung des Hamburger Kirchentages 1997, „meines" ersten Kirchentages. Damals habe ich zum ersten Mal in der sogenannten Übersetzungsgruppe des Kirchentages mitgearbeitet. In dieser Gruppe habe ich das Griechische und das Hebräische neu lieben gelernt. Sie stellt, neben – wohlgemerkt: nicht anstelle! – die Lutherübersetzung eine Übersetzung, die versucht, dem Anliegen des Urtextes und des heutigen Kontextes, den Erkenntnissen des jüdisch-christlichen Dialogs und der feministischen Theologie gerecht zu werden. Das gelingt nicht immer, aber es führt zu mancher Erleuchtung und Entdeckung. Was haben wir in dieser Gruppe den guten Micha hin und her gewälzt!

Unsere Losung zitiert die Lutherübersetzung: Es ist dir gesagt, Mensch was gut ist – soweit die Losung und auch die Kirchentagsübersetzung. Weiter übersetzt Luther: und was der Herr von dir fordert, nämlich Gottes Wort halten und Liebe üben und demütig sein vor deinem Gott. Wir haben damals anders übersetzt und in diesen Prozeß des Nachdenkens möchte ich Sie heute morgen mit hineinnehmen:

Es ist dir gesagt, Mensch, was gut ist: Israel befindet sich nachexilisch in einer Notsituation und möchte Gott zum rettenden Eingreifen bewegen. Opfer werden dargebracht, doch es ändert sich nichts. Die hochfliegenden Verheißungen für die Zeit nach der Rückkehr der Verbannten, nach dem Ende des Exils, sie haben sich nicht verwirklicht. Es herrscht ein hartes soziales Klima, Rücksichtslosigkeit macht sich breit. Selbst noch an den Fastentagen treiben die Kreditgeber ihr Pfand ein (Jes 58, 3f), jeder ist sich selbst der Nächste, die Oberschicht legt ein gnadenloses Verhalten an den Tag. Und die Sühnopfertheologie der Priester trägt nicht zum gesellschaftlichen Frieden bei. Sie bevorteilt geradezu noch die Begüterten, können diese sich doch Opfer leisten.

Der Prophetentext inszeniert einen Rechtsstreit zwischen Gott und seinem Volk. Das Volk gibt sich unzufrieden, es murrt, weil die Situation sich nicht bessert, obwohl doch schon alles getan wird, um Gott gnädig zu stimmen. Aber Gott fragt wenige Verse zuvor: Was habe ich dir getan, womit habe ich dich ermüdet, enttäuscht? Spannend erst einmal: Gott nimmt das Volk ernst als Gesprächspartner. Und Gott erwidert die Klage mit der Erinnerung an den Exodus: Ich habe dich doch freigekauft aus dem Land Ägypten, so die Verse 4 und 5.

Israel aber reagiert mit noch mehr Ideen über devote Frömmigkeit und Opferkult: Widder opfern, Ströme von Öl? Oder sogar die Erstgeborenen? Das ist fast schon eine Karikatur in der Darstellung, ein quälerischer Versuch der Selbstdemütigung.

Und dann dieser Satz: Es ist dir gesagt Mensch, was gut ist.

Mich hat das damals in der Kirchentagsvorbereitung wirklich beschäftigt. Ist uns das nicht gesagt? Im Evan-

gelium, in den 10 Geboten. Es ist gut
– zu den Menschen am Rande zu gehen
– eine Sonntagskultur zu achten
– unsere Kinder gewissenhaft zu erziehen
– Gewalt zu überwinden
– nicht am Geld zu hängen
– Vater und Mutter zu ehren
– um die eigene Ehe zu ringen
– die Gemeinschaft zu pflegen

Können wir nicht geradezu nachlesen, was gut ist? Nun will ich aus der Predigt keine Bibelarbeit machen, aber in so einem Generalkonvent ist die Versuchung schon groß. Es geht doch nicht um eine sittliche Norm, es geht darum was förderlich ist, eine glückliche Erfüllung des Lebens verheißt. Das fordert Gott nicht von uns, das sucht Gott. Für mich war es damals spannend, herauszufinden, daß das Verb nun gerade die Hinwendung meint, zu lernen, daß die Rede vom Fordern einen strengeren Ton anschlägt als der hebräische Text. Gott sucht nach dem Guten, Gott erwartet, daß die Menschen erkennen, was gut ist.

Was ist nun gut?

Das erste: Gerechtigkeit tun. Das haben wir alle einmal im alttestamentlichen Proseminar gelernt: Gerechtigkeit tun meint nicht eine Norm aufrichten, sondern sich am Lebensrecht der Armen und Schwachen orientieren. Es geht nicht um Legalität, sondern um Recht tun. Luther trifft mit seiner Übersetzung, wenn er von „Gottes Wort halten" spricht. Gottes Gebote sind ja Schutzbestimmungen für Arme, Fremdlinge, Witwen und Waisen. Die soziale Ausrichtung kommt aber im Begriff Gerechtigkeit besser zum Ausdruck. Gerade im Luthertum haben wir stets eine Tendenz, das Wort zu vergeistigen, zu intellektualisieren. Aber es will ja im Leben real werden. Wer sich von Gott gerechtfertigt weiß, der will doch tätig werden. Rechtfertigung aus Gnade allein heißt ja gerade nicht in Untätigkeit verfallen.

Gerechtigkeit tun. Da wird es heikel. Heißt das Kirchenasyl? Heißt das zu den Obdachlosen gehen? Heißt das Sozialabbau anprangern? Und ist die Kirche dann nicht schon wieder parteiisch, weit weg vom Eigentlichen? Darf denn die Bischöfin sich äußern ...

Was ist uns noch gesagt, daß es gut sei?

Freundlichkeit lieben. Das betrifft nun schon den ganz persönlichen Bereich. Der Begriff wird oft für Gottes Güte und Treue verwendet. Da geht es um das Zwischenmenschliche, um Verbundenheit, um Zusammensein mit Freundinnen und Freunden, mit Gästen und Verwandten. Gerechtigkeit eben nicht als kalkulierter Interessenausgleich, sondern als warmherzige Verbundenheit, Zärtlichkeit, Liebe.

Das ist manchmal kaum noch zu erkennen in der Kirche, das gebe ich zu. Da sind die im fernen Hannover. Da ist die Pastorenschaft, die „Leistungsanreize braucht". Da sind die Ehrenamtlichen, die nicht gewürdigt werden. Da sind die Hauptamtlichen, die um Anerkennung kämpfen. Und es regiert oft die Sprache des Gesetzes. Zärtlichkeit, Warmherzigkeit wird in die Frauenecke gedrängt, allenfalls modisch als emotionale Intelligenz gewürdigt. Brr!

In all den Preisungen für die Ideen der Wirtschaft, die das Unternehmen Kirche auf Vordermann bringen könnten, ist mir ein Satz, der auch nur in die Nähe von „Freundlichkeit lieben" kommt, nicht untergekommen. Dabei wünsche ich mir das. Die Kirche als Ort, an dem noch Anerkennung ausgesprochen wird. An dem nicht die Ökonomie regiert, sondern Zeit da ist, die sterbende Frau zu besuchen.

Und als drittes: Aufmerksam mitgehen mit deinem Gott. Diese Übersetzung wurde uns damals besonders hart angelastet. Die Demut habe der Kirchentag wieder einmal außen vor gelassen – typisch!! Aber es ist tatsächlich das Verb für „gehen", das Adjektiv, das „behutsam" oder „bedachtsam" meint. Es geht nicht um ein Gottesverhältnis der Ferne, in dem ich über die Opfer grübele, sondern die Partnerschaft, das Mitgehen mit Gott, das Achten auf Gottes Willen.

Aufmerksam mitgehen mit deinem Gott. Das ist eine hervorragende Darstellung der Kooperation im Prozess der creatio continua. Es heißt gerade nicht, eigene Leistungen erbringen, sondern sensibel hören, lauschen. Gottes Vergangenheit mit den Menschen kennen, lernen. Aufmerksam mitgehen heißt auch sehen. Die Situation, die Ängste der anderen nicht leugnen. Schließlich heißt es wohl auch: offen, bereit sein für Gottes Eingreifen.

Aufmerksam mitgehen. Wenn Gott diese Welt sieht, es jammert ihn, es jammert sie. Da könnten wir doch vor Mitleid zerfließen. So viel Einsamkeit, so viel Not. So viel Sinnlosigkeit, so viel Zerstörung. So viel verpfuschtes Leben, so viel verschenkte Kraft. Aber ich glaube nicht, daß aufmerksames Mitgehen uns in Depressionen stürzen muß. Wieviel Langmut, mit der gesorgt wird. Wieviel Liebe, die Kräfte freisetzt. Wieviel Kraft zur Versöhnung!

Wer aufmerksam mitgeht mit Gott, kann doch gar nicht resignativ sein. Es gibt ihn, diesen roten Faden der Geschichte, der gegen den Strich bürstet. Wieviele Pastorinnen und Pastoren auch, die in ihren Gemeinden Tag für Tag treu Dienst tun – und das Wort Treue hat für mich da gar keinen altmodischen Klang! Mir macht diese Übersetzung Lust, mitzugehen, aufmerksam mit meinem, mit unserem Gott.

Es ist dir gesagt Mensch, was gut ist und was Gott bei dir sucht: Gerechtigkeit tun, Freundlichkeit lieben und aufmerksam mitgehen mit deinem Gott.

Fast ein Programm für die Kirche und ihre Fragestellungen heute. Tröstlich und doch eine Herausforderung, zusprechend und anregend.

Und der Friede Gottes, der höher ist als all unsere Vernunft, bewahre unsere Herzen und Sinne in Christus Jesus.

Amen.

„Wenn du den Elenden sättigst"

(Jes 58, 7–12)

Predigt zum Erntedankfest
Marktkirche Hannover, 3.10.1999

Liebe Gemeinde,

unser Predigttext heute stammt aus dem Buch des Propheten Jesaja. Er schreibt in einer für das Volk Israel bedrängenden Situation. Vierzig Jahre Exilszeit liegen hinter ihm – 40 Jahre. In diesen Jahren war die Heimkehr der nach Babel Exilierten die große Hoffnung, das große Ziel. Nun aber sind sie tatsächlich zurückgekehrt, und die Lage ist kritisch. Einige bereichern sich rücksichtslos, andere sind bettelarm, ohne Obdach. Nach 40 Jahren sind die Landbesitzfragen ungeklärt – wem gehören die Häuser? Fastentage und Volkstrauertage halten die Erinnerung an die Katastrophe, an die Zerstörung Jersualems wach. Gott wird angerufen, gebeten, doch endlich bessere Zeiten zu bringen.

Ich muß nicht mit dem Zaunpfahl winken, um bei Ihnen Parallelen zu unserer Situation heute wachzurufen, oder? Mich hat das fast verblüfft, als ich den Hintergrund nachschlug. In welcher Lage befinden wir uns denn, zehn Jahre nach der Wende, 3. Oktober, Tag der deutschen Einheit, gesetzlicher Feiertag. Jahrzehntelang haben wir den 17. Juni gefeiert, immer künstlicher, immer verhaltener, weil die wenigsten noch an die Wiedervereinigung geglaubt haben. Als eine, die drei Jahre vor dem Mauerbau geboren wurde, mit der Mauer aufwuchs, habe ich jedenfalls nicht daran geglaubt. Ich kannte die DDR aus den Besuchen, die uns in Osthessen im Rahmen des kleinen Grenzverkehrs möglich waren. Kirchliche Partnerschaften habe ich wahrgenommen, aber manchmal waren sie dann doch Patenschaften, bei denen es darum ging, wieviel Jacobs Krönung wir mitnahmen. Im konziliaren Prozeß für Gerechtigkeit, Frieden und Bewahrung der Schöpfung schließlich habe ich Freundinnen und Freunde gefunden in der DDR. Ich habe ihren Mut und ihre Geradlinigkeit bewundert und mich in der ökumenischen Bewegung gefragt, ob sie nicht die besseren Christenmenschen, die besseren Deutschen sind. Und die deutsche Teilung, die habe ich als Sühne verstanden für die Schuld der Deutschen im Nationalsozialismus, im Zweiten Weltkrieg. Das kann ich im Nachhinein kritisch sehen und hinterfragen, aber ich will es nicht beschönigen.

Und dann das Wunder. Denn anders ist das doch wohl kaum zu bezeichnen. Gott hat da ein Wunder geschenkt. Selbst Menschen, die sonst jede Form des Wunderglaubens weit von sich weisen, haben die Öffnung der Mauer als Wunder erlebt. Dieser unbändige Jubel, den wir uns in diesen Tagen im Fernsehen immer wieder ansehen können ... Wir sind das Volk. Respekt vor denen da drüben, die die erste gewaltfreie Revolution der Deutschen bewerkstelligt haben. Wir sind ein Volk – tatsächlich?

Und nach dem Wunder die Realität auf der Ebene des Alltags. Entzauberung der Gemeinschaft. Erste Witze über Ossis und Wessis. „Warum lächeln die Chinesen – weil sie ihre Mauer noch haben." Und später: Ein großer Teil der Ostdeutschen glaubt, in der DDR besser gelebt zu haben. Die PDS wird bei mancher Wahl zur zweitstärksten Partei. Die Westdeutschen jammern über den Solidaritätszuschlag. Die Entfremdung steigt. Aber es gibt auch Hoffnungsschimmer: Das Lebensgefühl der jüngeren Generation scheint sich anzugleichen. Meine Töchter lernen in der Schule die Bundesländer und ihre Hauptstädte: Hessen/Wiesbaden, Sachsen/Dresden, Bayern/München, Thüringen/Erfurt. Und sie wüßten kaum, was da Westen und Osten ist.

In den Versen 2 und 3 des Jesajakapitels, aus dem der Predigttext stammt, heißt es: Sie suchen mich täglich und begehren, meine Wege zu wissen, als wären sie ein Volk, das die Gerechtigkeit schon getan und das Recht seines Gottes nicht verlassen hätte. ... Warum fasten wir und du siehst es nicht an? Warum kasteien wir unseren Leib und du willst's nicht wissen?

Das Volk fühlt sich von Gott verlassen. Bei uns würden wir vielleicht eher sagen: Das Volk hat Gott aufgegeben. Es gibt zwar religiöse Gefühle, wie das heute genannt wird. Es gibt Fasten und Meditieren, Selbstfindung und vieles mehr. Das Volk Israel damals aber will ein Fasten praktizieren, das Gott gefällt und Gott bewegt, die Lage zu ändern. In diese Situation spricht der Predigttext:

(6) Das aber ist ein Fasten, an dem ich Gefallen habe.

(7) Brich dem Hungrigen dein Brot und die im Elend ohne Obdach sind, führe ins Haus! Wenn du einen nackt siehst, so kleide ihn, und entzieh dich nicht deinem Fleisch und Blut!

(8) Dann wird dein Licht hervorbrechen wie die Morgenröte und deine Heilung wird schnell voranschreiten und deine Gerechtigkeit wird vor dir hergehen und die Herrlichkeit des Herrn wird deinen Zug beschließen.

(9) Dann wirst du rufen und der Herr wird dir antworten. – Wenn du schreist, wird er sagen: Siehe, hier bin ich.

Wenn du in deiner Mitte niemand unterjochst und nicht mit Fingern zeigst und nicht übel redest,

(10) sondern den Hungrigen dein Herz finden läßt und den Elenden sättigst, dann wird dein Licht in der Finsternis aufgehen und dein Dunkel wird sein wie der Mittag.

(11) Und der Herr wird dich immerdar führen und dich sättigen in der Dürre und dein Gebein stärken. Und du wirst sein wie ein bewässerter Garten und wie eine Wasserquelle, der es nie an Wasser fehlt.

(12) Und es soll durch dich wieder aufgebaut werden, was lange wüst gelegen hat, und du wirst wieder aufrichten, was vor Zeiten gegründet ward. Und du sollst heißen: Der die Lücken zumauert und die Wege ausbessert, daß man da wohnen könne.

Liebe Gemeinde, in einer Situation, in der wir uns fragen, wie wir uns heute Gott annähern können, ist das eine ganz schön scharfe Zurechtweisung.

Auch ich denke ja immer wieder: Die spirituelle Erneuerung ist wichtig. Neues Fasten. Meditation. Getanzter Gottesdienst. Musik, Kunst, Annäherung an die biblische Botschaft. Und dann: Das aber ist ein Fasten, an dem ich Gefallen habe: Brich dem Hungrigen dein Brot und die im Elend ohne Obdach sind, führe ins Haus! Wenn du einen nackt seist, so kleide ihn, und entzieh dich nicht deinem Fleisch und Blut!

Das ist eine wichtige Mahnung und Kritik. Sie zielt wohl nicht auf den Kult, das, was Fasten genannt wird, das gottesdienstliche und spirituelle Leben, sondern auf seine Absolutsetzung. Gefordert wird vom Propheten nicht „Ethik statt Kult oder soziale Praxis statt des Gedenkens. Es geht um das Mißverhältnis" (Ebach) von Ritus und Praxis. Geistliches Leben und Alltag, Verkündigung und Diakonie sollen nicht in Gegensatz geraten.

Mir ist der Text deshalb heute am Erntedankfest ein wichtiger Impuls. Unsere Kirche ringt um Erneuerung. Wir brauchen Erneuerung, weil wir sehen, wie die vermeintliche Selbstverständlichkeit des Glaubens sich als Schimäre erweist. Die großen Traditionsabbrüche lassen sich nicht mehr verschleiern. Wir müssen Menschen neu Zugang verschaffen zu Glaube und Spiritualität, zu christlichem Leben und christlicher Praxis.

Brich dem Hungrigen dein Brot. Lassen sie uns das jetzt einmal abgesehen von Erez Israel und Erez Germania in drei Gedankenkreisen zum Erntedanktag durchbuchstabieren.

1. „Entwicklungshilfe am Ende" ist der Titel des Deutschen Allgemeinen Sonntagsblattes von diesem Wochenende. Die Zahl der Armen hat sich weltweit seit 1980 auf 1,5 Milliarden verdoppelt. Verdoppelt! Noch in den 70er Jahren gab es die Hoffnung, die Armut bis zum Ende des Jahrhunderts zu beseitigen. Der technische Fortschritt, der „trickle down effect" von Reichen zu Armen wurde gepriesen. Und nun: 1,5 Milliarden unter der Armutsgrenze! Eine statistische Zahl. Aber was heißt das im einzelnen? 1,5 Milliarden Mal Menschen, die hungrig zu Bett gehen. Kinder, die nie aufwachsen werden. Meine ersten Begegnungen mit Armut in Indien, mit Flüchtlingslagern in Afrika haben mich sprachos werden lassen. Vor Demut und Zorn. Das darf uns nicht loslassen, auch wenn wir seit der Wende 1989 arg mit uns selbst beschäftigt sind. Die Menschen, die da hungern, sind Schwestern und Brüder für uns. Gerade mit Blick auf die viel gepriesene Globalisierung kann uns ihr Schicksal nicht gleichgültig sein. Es mag für die Wirtschaft und die Politik „überflüssige Menschen" geben. Für Christinnen und Christen aber nie. Jeder Mensch ist in Gottes Ebenbild geschaffen. Der Maßstab für die Gerechtigkeit, den die

Bibel anlegt, ist die reale Situation der schwächsten Glieder der Gesellschaft.

2. Wir feiern heute Erntedank hier in Hannover recht weit weg von der Realität der Landwirtschaft. In anderen Regionen unserer Landeskirche aber ist das noch real, das Ringen um den Boden. Dennoch sterben die Höfe, hat die Industrialisierung erbarmungslose Konkurrenz in Europa, in der Welt geschaffen. Die Erde bebauen und bewahren. Brot für alle. Brot für Menschen und nicht für Märkte. Noch wissen, woher das Brot stammt. Brot, das schmeckt. Brot, dessen Wert erkannt wird. Brot des Lebens. Erntedank ist Gelegenheit, den Blick vom Supermarktregal auf das Kornfeld zu leiten. Danken für die Speise, uns zum Wohl und Gott zum Preise. Essen in der Fastfoodgesellschaft wahrnehmen. Dankgebete sprechen. Gemeinschaft erfahren.

3. Der junge norwegische Theologe Paul Otto Brunstadt hat in einer Untersuchung der aktuellen Jugendkultur aufgezeigt, wie sehr junge Menschen nach Geborgenheit und Zugehörigkeit suchen. Er schreibt: „Wo könnten sie jemanden finden, der sie umsorgt und stärkt und ihnen gleichzeitig Bewegungs und Entwicklungsfreiheit gewährt? Jemand, der das Brot mit ihnen brechen und zwei Meilen mit ihnen mitgehen kann?" Das Brot miteinander teilen, denen ohne Obdach einen Ort der Zugehörigkeit geben. Wir dürfen den realen Hunger auf dieser Welt nicht bagatellisieren. Aber es gibt auch einen realen Hunger junger Menschen nach Zugehörigkeit und Sinn. Compagnon – das ist jemand com pane, der mit mir Brot teilt. Das Abendmahl kommt in den Blick.

Brich dem Hungrigen dein Brot und die im Elend ohne Obdach sind, führe ins Haus! Wenn du einen nackt siehst, so kleide ihn, und entzieh dich nicht deinem Fleisch und Blut! Dann wird dein Licht hervorbrechen wie die Morgenröte und deine Heilung wird schnell voranschreiten und deine Gerechtigkeit wird vor dir hergehen und die Herrlichkeit des Herrn wird deinen Zug beschließen.

Was für ein großartiger Predigttext, den uns der Prophet vor circa 2500 Jahren da schreibt für diesen Tag. Mich beschämen immer wieder die Bilder, die Klarheit der Sprache. Dieser Mut zu Visionen, Träumen, Zukunftsbildern. Wir haben soziale Herausforderungen, vor denen wir als Gottes Volk die Augen nicht verschließen können. Wir, die Christinnen und Christen als Volk aus den Völkern ebenso wenig wie das Volk Israel damals und heute. Und wir stehen vor spirituellen Herausforderungen. Der Prophet spricht nicht von der perfekten Lösung aller Probleme. Aber wenn wir die Herausforderung annehmen, wird Licht hervorbrechen, ist Heilung sichtbar. Gerechtigkeit wird vorangehen und Gott beschließt den Zug.

Nun könnten manche guten Lutheranerinnen und Lutheraner sagen: Ist das nicht alttestmentliche Werkgerechtigkeit: Wenn ihr Brot brecht und Obdach gebt, dann wird dein Licht hervorbrechen? ... So leicht dürfen wir es uns mit der Abgrenzung wohl nicht machen, da hat die christliche Theologie zu oft gefehlt. Die Zusage von Gottes Heil ist zwar keine wenn-dann Zusage, aber sie verknüpft den Zuspruch doch stets mit einem Anspruch. Wer Gottes Nähe erfährt, den wird es auch drängen, sie in dieser Welt sichtbar zu machen. Der kann sich nicht zufrieden geben mit der Welt, wie sie ist. Für dieses Ringen um ein Leben in der Nachfolge, wie es uns Jesus Christus gezeigt hat, hat der Prophet eine Verheißung:

Und du wirst sein wie ein bewässerter Garten und wie eine Wasserquelle, der es nie an Wasser fehlt. Und es soll durch dich wieder aufgebaut werden, was lange wüst gelegen hat, und du wirst wieder aufrichten, was vor Zeiten gegründet ward.

Biblische Bilder von Frische und Fruchtbarkeit, von Heilsein und Integrität, von Gemeinschaft von Gott und den Menschen. Das ist eine Ermutigung für den Feiertag der Wende, für den Erntedanktag. Brich mit dem Hungrigen dein Brot. Lassen sie uns also Abendmahl feiern als Vorgeschmack dessen, was Gott für uns bereit hält und Gott von uns erwartet. Lassen sie uns im Abendmahl diese Gemeinschaft vorwegnehmen mit denen, die zu allen Zeiten und an allen Orten Abendmahl feiern. Brot und Wein. Früchte der Erde. Communio Sanctorum. Teilhabe am Heiligen. Gemeinschaft der Heiligen versammelt um den Tisch. Abendmahl: Speise auf dem Weg. Stärkung und Ansporn zugleich.

Und der Friede Gottes, der höher ist als alle unsere Vernunft, bewahre unsere Herzen und Sinne in Christus Jesus.

Amen.

Eine Frau als Lehrerin Jesu

(Mt 15, 21–28)

Predigt im ZDF-Gottesdienst
Berlin, 26.9.1999

Liebe Gemeinde,

da begegnet uns im Matthäusevangelium eine Frau.
Eine Frau, die Geschichte gemacht hat, und davon gibt
es wenige in der Kirchengeschichte, ja Geschichte insgesamt. Sie ist namenlos und sie wird nicht charakteri-
siert durch die Einbindung in Familienstrukturen: Tochter des, Frau des, Schwester des ... Ob wir es mit einer
Frau zu tun haben, die wir heute „alleinerziehend" nennen würden? In jedem Fall ist sie Mutter und verantwortlich für eine kranke Tochter.

Ein krankes Kind. Dafür geht eine Mutter über Grenzen, legt Angst und Scham und Etikette ab, wenn irgendwo Heilung sichtbar wird. Wenn dein Kind krank
ist, wird dein Leben in Mark und Bein erschüttert. Du
möchtest dem Kind die Schmerzen abnehmen, es erlö-
sen vom Leiden. Nun können Sie sagen, die liebe Pre-
digerin erliegt dem Muttermythos. Mütter sind natürlich auch mal genervt, sie sind nicht stetige Glucken,
es wird berichtet über Mütter, die ihre Kinder versto-
ßen, mißhandeln. Es gibt leistungsfordernde und jam-
mernde Mütter. Und es gibt selbstverständlich auch
Frauen, die keine Kinder haben, die auf Mutterschaft
verzichten müssen oder bewußt verzichten wollen. Und
es gibt Frauen, die schwanger sind und keinen Weg

sehen, dieses Kind auszutragen und großzuziehen. Diese Geschichte einer mutigen Frau aus Palästina kann aber Gelegenheit sein, einmal Bewunderung und Anerkennung für das auszudrücken, was Mütter leisten. Tag für Tag. In unserem Land und in allen Länder, heute und zu allen Zeiten. Unser Predigttext zeigt eindrücklich, welche Kraft in der Liebe steckt. Diese Kraft der Liebe ist wohl eine besondere Gabe der Frauen, der Mütter, aber auch der Frauen ohne Kinder. Sie ist ein Spiegel der Liebe Gottes – deshalb sehen viele von uns Gott nicht nur als Vater, sondern auch als Mutter.

Die Tochter der kanaanäischen Frau ist krank, schwerkrank, wie die Rede vom bösen Geist, der sie übel plagt, vermuten läßt. Wie ist dieser böse Geist loszuwerden, was ist zu tun? Die Frau hört von dem Rabbi aus Nazareth. Und sie hat das Vertrauen, ihr wird der Glaube geschenkt, daß bei ihm Heilung zu finden ist. Als Frau aus Kanaan ist sie durchaus mit der Psalmensprache Israels vertraut, wenn sie auch nicht zum Volk Israel gehört. Sie nennt Jesus „Sohn Davids", sie teilt die jüdische Hoffnung auf Heilwerden des ganzen Volkes. Diese Frau nimmt in Anspruch, daß der Gott Israels Heilung zu allen bringt.

Die Frau treibt die Not. Mit der Krankheit der Tochter sind nicht nur ihre mütterlichen Schutzinstinkte wach. Es sind auch ihre konkreten sozialen und wohl auch wirtschaftliche Nöte. Wie soll sie denn für den Lebensunterhalt sorgen? Wird die Tochter je selbständig leben können? Und diese bange Frage aller Mütter, besonders aber der Mütter kranker und behinderter Kinder: Was, wenn ich nicht mehr bin?

Die Jünger empfinden die Frau als Nervensäge. Da will Jesus sich endlich einmal zurückziehen. Eine Atempause finden. Vielleicht einmal mit seinen Jüngerinnen und Jüngern einiges klären. Solche Ruhezeiten sind kostbar, und diese Frau stört. Sie schreit, sie ist einfach nicht abzuschütteln.

Jesus scheint sie zunächst in aller Ruhe ignorieren zu wollen. Aber die Jünger erwarten von ihm ein Machtwort – und das spricht er ja auch! Er weist die Frau schroff ab: „Ich bin nur gesandt zu den verlorenen Schafen des Hauses Israel." Das ist seine Auffassung. Er als Jude fühlt sich berufen, für die verlorenen Schafe Israels zu sorgen. Als die Frau beharrt, steigert Jesus seine Abweisung noch: Das Brot des Lebens soll doch nicht vor die Hunde geworfen werden! Das klingt unerhört hart, verletzend. Für die meisten Frauen wäre mit einer solchen Abfuhr der Mut verloren. Sie erleben solche Zurückweisung ja allzuoft: Du bist es nicht wert genug, du bist nicht schlau, nicht ausgebildet genug. Auch Frauenhilfe und Frauenbund haben stets beides erfahren, Bestätigung und Zurücksetzung.

Diese Frau aus Kanaan aber läßt sich nicht abweisen. Sie vertraut, sie glaubt, daß Gottes Heil auch für sie bestimmt ist, daran hält sie fest. Für Jesus ist die Predigt des Evangeliums in der ganzen Welt ein Zeichen der letzten Zeit. Er fühlt sich nicht zuständig. Doch jetzt trifft er dort, wo er es nicht erwartet hat, auf Glauben. Glauben, der sich nicht auf Rechte beruft und doch von Jesus alles erwartet. Das ist nicht selbstverständlich, ja das ganze Neue Testament ist voll von Staunen darüber, daß Gott sich allen Menschen, allen Völkern zuwendet.

Heißt das nun: Jesus selbst wird belehrt, durch den Glauben einer Frau? Das haben wir uns in der Vorbereitung auf diesen Gottesdienst gefragt. Ist das möglich? Einige haben sich kaum getraut, das so zu sagen. Und dann habe ich bei einem großen alten Mann der Theologie gelesen: „Die Dogmatiker haben mit dieser Perikope ihre liebe Not". „Jesus scheint darin von einer Heidin bekehrt zu werden; in ihm geht eine Wandlung vor." Also doch!

Mit ihrer festen Überzeugung vom Heil Gottes, das auch ihr zugesprochen ist, wird diese Frau zu einer Lehrerin für Jesus und zu einer Lehrerin der Kirche. Geben wir ihr deshalb die Ehre und für heute einen Namen. Nennen wir sie Ruth. Den Namen nennen, nicht namenlos bleiben, das ist ein wichtiger Schritt, damit Frauen aus dem Dunkel der Geschichte ans Licht treten. Allzuoft sind sie verborgen geblieben. Und dadurch gingen ihr Zeugnis und ihre Lebenserfahrung verloren. Erst in den letzten Jahren entdecken wir sie ja wieder, diese Lehrerinnen. Suchen nach den Zeugnissen, die von ihrem Glauben erhalten blieben. Sei es Hildegard von Bingen, Katharina von Bora oder andere. In Jesus geht also eine Wandlung vor. Er, der Sohn Gottes, „scheint" von einer Heidin bekehrt zu werden. Das ist ganz außerordentlich! Ehrlich gesagt, wundert es eine da fast, daß dieser Text im Evangelium überlebt hat. Aber wenn Jesus wahrer Mensch wie wahrer Gott war, wie sollte er dann nicht lernen dürfen? Lernen ist eine Grundbedingung menschlicher Existenz!

Ruth ringt mit Jesus um Grenzen, um Grenzziehungen. Und Jesus überwindet die eigene Position, die sich in ihren Grenzen als zu eng erweist. Ruths Verständnis von Gottes Heil, das allen Menschen zugesagt ist, wird am Ende recht gegeben. Sie behauptet sich durch Scharfsinn und Beharrlichkeit. Grenzen überwinden, das ist eine bleibende Herausforderung. Auch heute geht es immer wieder um Abgrenzung, sogar in der Kirche: Wer ist bibeltreu, wer fällt vom wahren Glauben ab? Soll es Dialog mit anderen Religionen geben? Was steht im Vordergrund: die reine Lehre, die zu erhalten ist oder die Lebenskrise, in die eine schwangere Frau gerät? Ruth hat eine Hoffnung auf Gottes Heil, auf Gottes Heilung, die all diese Grenzen überschreitet. Gerade weil das Evangelium heute in allen Kulturen und in allen Nationen beheimatet ist, könnten wir als Christinnen und Christen ihr nacheifern, indem wir beitragen zur Überwindung der Fremdheit in dieser Welt. Wir selbst können über Grenzen gehen. In unserem eigenen Land über die Grenzen zu denen ohne Obdach, ohne Heimat, zu denen ohne Sinn, ohne Freunde, ohne Hoffnung. Und weil wir wissen, daß Schwestern und Brüder im Glauben in aller Welt leben, müßten wir doch die Grenzen zwischen Völkern und Nationen, zwischen Kulturen und Kontinenten überwinden können. Der Haß, der so leicht gesät wird, er sollte da keine Chance mehr haben.

Die Geschichte Gottes mit den Menschen, sie verändert die Welt, sie verändert die Menschen, sie verändert sogar Gott. Gott ist nicht ein geschichtsloses Wesen. Gott kommt mir in diesem Text sehr nahe. Im Glauben begegnen sich Mensch und Gott. Beide gehen nicht unverändert aus der Begegnung hervor. Gott ist eben nicht der entrückte Weltenlenker, sondern der in Christus offenbare Gott hat eine Geschichte mit uns Menschen. Gott teilt uns nicht geschichtslose Wahrheiten mit, sondern begegnet uns mitten im Leben.

Das Vertrauen dieser Frau, ihr Glaube ist so überwältigend, daß Heilung möglich wird. Die Tochter wird gesund. Und so entstehen auch neue Lebensperspektiven für die Mutter. Solches Vertrauen, solcher Glaube kann Berge versetzen und Wunder wirken. Solcher Glaube ist Lebensbrot, weil durch ihn Jesus als Brot des Lebens erkannt wird.

Und der Friede Gottes, der höher ist als alle unsere Vernunft, bewahre unsere Herzen und Sinne in Christus Jesus.

Amen.

An einem Tisch versammelt

Abendmahlsansprache beim General-konvent des Sprengels Calenberg-Hoya

Loccum, 6.10.99

Liebe Schwestern und Brüder,

wir wollen Brot und Wein miteinander teilen.
Aller Zwist, aller Streit, alle Belastungen und alle Hier-
archie können und sollen in den Hintergrund treten.
Weil wir neu erfahren, daß wir zusammengehören.
Die vielen sind ein Leib, wie es Paulus ausdrückt.
Communio Sanctorum – Gemeinschaft der Heiligen.
Keiner sei wider den Nächsten. Als Pastorinnen und
Pastoren sprechen wir alle diese Worte oft. Und werden ihnen oft genug selbst nicht gerecht. Weil wir Menschen sind. Längst nicht so großzügig, wie wir gern
wären. Doch auch immer wieder nachtragend und nei-
disch und skeptisch – Beichte und Buße immer wieder
notwendig.

Und nun: an einen Tisch gerufen. Aber gewarnt,
unwürdig zu kommen. Das „unwürdig" hat viele in Angst
versetzt, schuldig zu werden. Unsolidarisch, das wäre
wohl die bessere Übersetzung von „anaxios". Denn:
Gemeinschaftsmahl soll es sein. Das tadelt ja Paulus in
Korinth, daß jeder das Seine, jede das Ihre verspeist
und Gemeinschaft nicht wächst. Ein gemeinsames Fest-
essen soll es sein, zu dem auch Lachen und Weinen
gehören kann, Fröhlichkeit. Das kommt bei uns oft zu
kurz.

Denn: Das Abendmahl beinhaltet eine menschliche, eine soziale Herausforderung.

Wir teilen hier und heute Brot und Wein. Und doch sind wir in Gemeinschaft mit denen, die zu allen Zeiten und an allen Orten Abendmahl feiern. Wir begeben uns hinein in die Geschichte all derer, die zu Seinem Gedächtnis zusammenkamen seit nunmehr 2000 Jahren. Erinnerung gehört zum Abendmahl.

Und wir wissen uns in Gemeinschaft mit all denen, die heute an vielen Orten Brot und Wein teilen. In den Slums von Rio de Janeiro. Im Flüchtlingslager in Osttimor. In den zerbombten Häusern in Grosny. Bei den sterbenden AIDS-Kranken in Simbabwe. Im Vorort von Washington. Schwestern und Brüder. Deshalb soll auch die Kollekte heute über unsere Grenzen hinausgehen an AMICA, einen Verein, der Frauen und Kindern in Bosnien materielle und psychosoziale Hilfe leistet. 1992 habe ich sie in den Lagern in Kroatien besucht. Die menschliche Zerstörung war so groß, daß mir die Worte des Trostes schwer über die Lippen kamen. Aber wie schnell überlagert eine Not in unserer Mediengesellschaft die nächste.

Das Abendmahl ruft in Erinnerung, daß wir über Grenzen hinweg zusammengehören als Gottes Volk.

Denn: Das Abendmahl ist eine Mahnung zu Frieden und Gerechtigkeit.

Wir erhoffen eine Zukunft, in der alle gemeinsam zum Tisch des Herrn treten können. Es bleibt ein Stachel im Fleische, ein Stein des Anstoßes, daß wir nicht zusammen Abendmahl feiern können. Auch wenn wir als Evangelische die eucharistische Gastfreundschaft gewähren, kann uns das nicht ruhen lassen. Es geht gewiß nicht darum, das eigene Profil zu verleugnen.

Aber bei der Anerkennung aller Unterschiede bekennen wir doch jeden Sonntag, daß wir die eine Kirche glauben. Wir lesen bei Johannes, daß Jesus gebetet hat, daß die Seinen alle eins seien.

Wie schrieb vor mehr als 20 Jahren Ernst Käsemann: „Das Abendmahl ist ökumenisch oder nicht mehr Herrenmahl, sondern Sektenfeier".

Denn: Das Abendmahl ist eine Aufforderung zum ökumenischen Engagement.

Wir teilen Brot und Wein. Früchte der Erde. Vom Ursprung sind wir oft entfremdet, die Landwirtschaft ist zur Industrie geworden. Nahrung. Grundnahrung. Bei einer ökumenischen Tagung sagte einmal ein Bischof aus dem Pazifik: Jesus fand Getreide und Trauben als Grundnahrungsmittel vor. So hat er sich beim letzten Mahl auf diese bezogen. Für uns ist das Grundnahrungsmittel die Kokosnuß – warum sollten wir sie nicht im Abendmahl verwenden ... die heftigen Debatten können Sie sich wohl vorstellen!

Es geht um die Grundnahrung. Schmecket und sehet! Nicht der Kopf allein ist angesprochen. Andere Sinne. Schmecken. Sehen. Wahrnehmen. Unser tägliches Brot gib uns heute. Das reale Brot. Das wir in den reichen Staaten der Erde oft kaum noch zu schätzen wissen. Brot, nach dem Millionen Menschen noch immer täglich hungern. Brot, das schmecken soll. Und nicht gentechnisch nachempfunden ist. Gebackenes Brot, nicht industriell hergestelltes. Brot der Erde. Der Erde, die Gott gehört, der Boden, der für nachkommende Generationen erhalten werden soll. Die Frage nach dem Land, das zu bebauen und zu bewahren ist.

Denn: Das Abendmahl kann als Aufforderung zum ökologischen Engagement verstanden werden.

Communio Sanctorum – Teilhabe am Heiligen. Wir sagen: Christi Leib, für dich gegeben. Christi Blut – für dich vergossen. Christus hier gegenwärtig. Ein Geheimnis, nicht zu durchdringen. Zeichen und reale Präsenz!

Jesu Tod – ein Sühnopfer? Christi Leib, für dich gegeben, Christi Blut, für dich vergossen – manche stoßen sich heute daran. Für uns gestorben. Wollte Gott dieses Opfer? Oder hat Jesus sich hingegeben für die Seinen? Aus Liebe?

Denn: Das Abendmahl bleibt eine theologische Herausforderung.

So soll es einst sein. Nicht Not, nicht Geschrei. Tränen von Gott selbst abgewischt. Kein Kind, das einen frühen Todes stirbt. Menschen bauen Häuser, in denen sie wohnen, ernten Früchte, die sie essen. Gemeinschaft miteinander, Gemeinschaft mit Gott. Auf Hoffnung hin kommen wir zusammen, „bis er kommt". Eine Hoffnung, die unsere Zeit und Welt durchbricht, überschreitet.

Das Abendmahl ist durchdrungen von einer eschatologischen Dimension.

So laßt uns miteinander Brot und Wein teilen zu seinem Gedächtnis, bis daß er kommt.

Amen.

„Mache dich auf, werde Licht!"

(Jes 60, 1-3)

Predigt zum westfälischen Kirchentag
Unna, 23.8.98

Liebe Kirchentagsgemeinde!

1. Mache dich auf, werde Licht! Ja, das könnte schon die ganze Predigt sein: aufstehen um Gottes Willen. Ein Ruck gegen all die Trägheit und Selbstbezogenheit als Botschaft dieses Kirchentages.

Aber unser Text für heute ist komplizierter. Sobald wir fragen, wer denn da aufstehen soll. Das Jesajabuch spricht von Jerusalem! Sie, die geliebte Stadt Gottes, sie soll hell werden, leuchten. Christinnen und Christen sollten sich davor hüten, diese Vision vorschnell auf sich zu beziehen und das jüdische Volk sozusagen zu enteignen. Um eine Vision handelt es sich in der Tat. Das gilt sowohl für die Zeit, als der Text geschrieben wurde, als auch für heute. Damals war kein Leuchten in der Stadt, die aus dem Exil Zurückgekehrten, sie waren enttäuscht über die Armut und Ungerechtigkeit.

Und heute, heute steht Jerusalem fast als Symbol für die Zerrissenheit der Völker und der Glaubensgemeinschaft. Terror und Leid stehen uns vor Augen, wenn wir an Jerusalem denken. Vielleicht kann das Bild gerade deshalb heute wieder zur Vision werden: Jerusalem wird ja nicht von selbst erneuert, sondern weil Gottes Ehrenschein über ihr erstrahlt. Sie wird

Licht, weil sie angeleuchtet wird, das ist die Zukunftshoffnung, die Vision des jüdischen Volkes.

2. Finsternis bedeckt die Erde. Oh ja, liebe Gemeinde, davon wissen wir auch heute ein Lied zu singen. Die Menschen ertrinken zu Tausenden in China, sie verhungern im Sudan und werden niedergemetzelt in Ruanda. Terror tobt in Algerien, in Kenia, in Nordirland. Die Schuldenkrise knechtet die Völker Südamerikas. Militärdiktaturen unterdrücken in Burma und Indonesien. Frauen werden versklavt in Afghanistan, zur Prostitution verschleppt in Osteuropa, geschlagen in der ganzen Welt. Der Rüstungswettlauf hält an. 22 Millionen Menschen befinden sich auf der Flucht. In Deutschland gibt es mehr als 4 Millionen Arbeitslose. Fremde leben in Angst in diesem Land. Flüchtlinge werden abgewiesen. „Aber über dir erstrahlt ADONAJ." ADONAJ sagt die Übersetzung für diesen Kirchentag, die wir gehört haben. ADONAJ – so heilig ist dem Volk Israel der Name Gottes, daß er nicht ausgesprochen wird. Die Namensheiligung aus den Zehn Geboten, sie wird ernst genommen. Darauf will diese Übersetzung hinweisen. Gottes Ehrenschein will sich sehen lassen mitten im Dunkel, das die Völker bedeckt.

Gottes Licht, das über dem Zion aufstrahlt, läßt uns die Finsternis erst richtig erkennen. Als Christinnen und Christen haben wir Anteil an diesem Licht, weil Jesus Christus uns den Zugang zum Gott Israels ermöglicht hat. Wir werden ermutigt, die Finsternis ans Licht zu bringen, genau hinzusehen. Gerade weil wir Gottes Licht, die Zusagen des Lebens, das kommende Licht glauben, müssen wir vor der Dunkelheit nicht flüchten. Wir wenden uns nicht ab von der Welt, um einen heilen Glauben in der Abgeschiedenheit leben zu können. Und wir müssen nicht verzweifeln an der Welt mit all dem Elend und Leid. Nein, Gottes Licht ermutigt uns gerade mitten hineinzugehen in diese Welt und, selbst angestrahlt, Strahlen weiterzugeben.

3. Die Völker werden nach Jerusalem ziehen. Der Glanz Jerusalems wird anziehend sein. Das zeigt noch einmal die ganze Bewegung unseres Textes, liebe Gemeinde. Weil Gott über ihr erstrahlt, kann Jerusalem strahlen. Weil Gottes Ehrenschein sichtbar wird, bleibt die Finsternis nicht finster. Menschen richten sich auf, weil Gott sie aufrichtet. Wie oft hat Jesus das gezeigt, wenn er Kranke heilte, zu den Ausgestoßenen ging.

Aber damit nicht genug. Gott ist kein Wesen, das irgendwie außerhalb bleibt, ein wenig strahlt, damit es heller wird. Davon spricht unser Text nicht und davon spricht auch die Geschichte von Jesus Christus nicht. Gerade im Leiden war Gott anwesend und hat gelitten. Gott ist ein Wesen in Beziehung zu den Menschen. Gott macht die Menschen zu Mitschöpferinnen und Mitschöpfern. Wenn Menschen Gottes Strahlen aufnehmen, dann wiederum wird Gott erhellt.

4. Was bedeutet das nun alles für den westfälischen Kirchentag in Unna? Der Text nimmt uns hinein in die Geschichte des Volkes Israel mit seinem Gott, in die Vision vom Zion, zu dem die Völker einst wallfahren werden. In eine Hoffnungsgeschichte sind wir gestellt. Eine Hoffnungsgeschichte, die durch alle Dunkelheit, alles Elend dieser Welt hindurch weitergesagt wird. Die aufstrahlt inmitten aller Finsternis, immer da, wo Menschen sich von Gottes Ehrenschein anstrahlen lassen.

Und so haben wir in Unna nach Schritten gesucht, an unseren Orten und in unserer Zeit, mitten in der Welt, Spuren von Gottes Licht zu zeigen. Wo Flüchtlingen die Türen geöffnet werden, wo Arbeitslose wieder ihren eigenen Wert erfahren, wo Menschen in der Ferne als Schwestern und Brüder wahrgenommen werden. Wenn Ungerechtigkeit beseitigt und Frieden geschaffen wird – oder wie Micha es sagt – wo Schwerter zu Pflugscharen werden, da sind wir als Christinnen und Christen auf dem Weg in Gottes Zukunft, als Völker auf dem Weg zum Zion.

Ja, Gottes Stadt, Jerusalem soll leuchten und kann leuchten, weil Gottes Ehrenschein über ihr erstrahlt. Das ist die Hoffnung, die wir mit Jüdinnen und Juden teilen. In Gottes Licht können wir es wagen, die Finsternis wahrzunehmen. Das ist der uns zugesprochene Glaube, der uns mitten in der Welt der Finsternis nicht verzweifeln läßt. Wir Menschen aus den Völkern werden durch Jesus Christus hineingenommen in das Verhältnis Gottes zum Volk Israel. Auch wir können uns aufmachen, aufstrahlen, aufrichten. Das ist der Anspruch, der uns ermutigt zur Einmischung.

„Mache dich auf, werde Licht, denn dein Licht kommt und die Herrlichkeit Gottes geht auf über dir. Denn siehe, Finsternis bedeckt das Erdreich und Dunkel die Völker. Über dir erstrahlt ADONAJ und Gottes Ehrenschein will sich sehen lassen über dir. Dann ziehen die Völker zu deinem Licht und Könige zum Glanz deines Aufstrahlens" (Jes 60, 1-3).

Amen

Vorbild Frau

Vortrag beim Tag für Frauen

Neustädter Kirche, Hannover, 11.9.99

Liebe Frauen, die Sie zum Frauentag hier nach
Hannover gekommen sind!

Zunächst möchte ich die Gelegenheit nutzen, mich
bei vielen von Ihnen zu bedanken, die mir aus Anlaß
meiner Wahl und Einführung in das Amt der Landesbischöfin gratuliert, mich gestützt und gestärkt haben.
Da gab es Briefe und eine Blumengirlande, einen En-
gel und eine Stola, eine ganze Briefkette ist für das
erste Jahr Woche für Woche organisiert. Das alles hat
mir gut getan, mich gestärkt – vielen Dank.
Frau Denecke, die Leiterin des Frauenwerks, hat
mich gebeten, zu diesem Frauentag zu kommen, noch
lange vor der Bischofswahl. Ich habe damals zugesagt
und gedacht, gerade auch wenn ich nicht gewählt werde, wäre es vielleicht gut, eine Woche nach der Bischofs-
einführung in Hannover zu sein. Damit könnte ja deutlich werden, daß eine Kandidatur sinnvoll ist, auch wenn
die Wahl verloren wird. Nun ist es anders gekommen,
ich kann hierher mit dem Fahrrad radeln. So finde ich
es einen schönen Auftakt, daß der erste größere Rede-
beitrag nach der Predigt am vergangenen Samstag bei
einem Frauentag stattfindet.
Allerdings: Als ich den Titel des Vortrags hörte, zu
dem ich reden soll, habe ich gestutzt. Ist das nicht an-

stößig? Wird es nicht heißen: Wofür halten sich denn die Frauen, für Vorbilder? Ist das nicht arrogant? Schon die Tatsache, daß das meine erste Reaktion war, ist ja spannend.

Nun bin ich keine Soziologin, keine Sozialwissenschaftlerin oder Historikerin, sondern eine Frau, die Theologin ist. Also kann ich nur reden über meine eigenen Erfahrungen und einige theologische Einsichten. Mir geht es darum, nach Vorbildern zu fragen und danach, was sie bedeuten. Dabei werde ich von einigen Frauen erzählen und versuchen, aus ihrem Leben etwas für die Funktion von Vorbildern zu verallgemeinern.

1. Auf der Suche nach Vorbildern

In einem Interview der letzten Wochen wurde ich gebeten, drei Frauen zu nennen, die mir Vorbild waren. Ich bitte Sie, einmal einen kurzen Augenblick zu überlegen: Könnten Sie spontan drei nennen? Mir ist das jedenfalls erstaunlich schwer gefallen, und ich habe schließlich (in einem Interview muß man schnell antworten) meine Mutter, Hildegard von Bingen und die Bundesfamilienministerin Bergmann genannt. Aber ganz zufriedenstellend fand ich das ehrlich gesagt nicht.

Was ist denn ein Vorbild? Ich habe zum Grimm'-schen Wörterbuch gegriffen und gelesen: Das „Vor" hat zeitliche Bedeutung, es geht um ein Bild, das anderen vorausgeht. Und: Mit dem Begriff verbindet sich meistens eine Wertvorstellung, wobei das Wort auf das Gebiet des Wollens und Handelns, auf die gesamte Lebenshaltung bezogen werden kann. Schließlich, entlastend: Die Vorstellung einer Vollkommenheit braucht nicht im Vorbild zu liegen.

Vorbild ist also eine Person, die vor uns gelebt hat. Es ist eine Person, die in bestimmten Aspekten ihres

Lebens eine Wertvorstellung vermittelt, die ich aufnehmen möchte, der ich nacheifern kann. Dabei ist deutlich, daß Vorbilder sich mit der Zeit wandeln. Als eine meiner Töchter kürzlich einen Poesiealbumspruch suchte, habe ich mein altes herausgeholt. Da steht noch: „Sei wie das Veilchen im Moose, sittsam, bescheiden und rein; nicht wie die stolze Rose, die immer bewundert will sein." Prompt fiel mir Kurt Marti ein, sein Rosengedicht ist auf einer der Leipziger Karten schön gedruckt: „Sei wie die Rose. Stolz. Zeig deine Dornen. Beuge dich nur der Liebe." Selbst bei dem gleichen Bezugspunkt können Vorbilder sich also wandeln.

Es scheint so, daß wir als Frauen sehr wenige weibliche Vorbilder finden. Nehmen wir als Beispiel die Theologie. Als Theologinnen können wir natürlich dem Kirchenvater Augustin, Martin Luther, Schleiermacher, Barth, Bultmann oder Bonhoeffer nacheifern. Sie sind uns theologische Lehrer. Bärbel Wartenberg-Potter hat einmal davon gesprochen, daß es sie mit großer Trauer erfüllt, daß sie nie eine theologische Lehrerin hatte. Das ist ja bis heute de facto der Fall. Frauen gehören nicht zu den Lehrenden an den Fakultäten, bzw. nur in sehr wenigen Ausnahmen. Vor wenigen Jahren wurde bei der EKD-Synode ein Bericht über den Stand der Frauenforschung an Fakultäten gegeben. Dort wurde deutlich, daß nicht nur Professorinnen, sondern auch das Thema feministische Theologie an den Fakultäten kaum auffindbar ist.

Gleichzeitig haben wir eine ganz andere Tendenz festzustellen. Es erscheinen derzeit Biographien von Frauen in kaum übersehbarer Zahl. Insbesondere Frauen, die es „geschafft" haben, zeichnen ihren Weg nach. Mich hat beispielsweise die Autobiographie von Elisabeth Moltmann-Wendel berührt. Als ich sie kennenlernte, war sie bereits die bekannte Theologin und Bibelarbeiterin auf Kirchentagen. Eine Frau, die theologisch Bedeutung hat. In ihrer Biographie zeichnet sie ihren Weg nach: Umbrüche, Aufbrüche. Was mir an Elisabeth Moltmann-Wendels Biographie aufgefallen ist und sich wahrscheinlich auf alle anderen Frauenbiographien, übertragen läßt ist: Das Persönliche und das Wissenschaftliche oder in diesem Fall Theologische sind nicht zu trennen. Wir versuchen ja stets, gut lutherisch, Person und Werk zu unterscheiden. Aber es gibt gleichzeitig eine fundamentale Verknüpfung zwischen unserem Reden und Tun und unserer persönlichen Existenz. Das war für mich eine ganz wichtige Erkenntnis.

Ich möchte hier noch eine zweite Frau nennen: Henriette Visser't Hooft. Sie war die Ehefrau des ersten Generalsekretärs des Ökumenischen Rates der Kirchen, Willhem Visser't Hooft. Während ich von Willhem Visser't Hooft vieles wußte, habe ich von ihr nie gehört, bis mir ein Buch aus dem Burckhardthaus-Verlag in die Hände kam. Henriette Visser't Hooft war Laiin, sie ist meines Wissens öffentlich nie groß in Erscheinung getreten. Von 1934–1948 aber hat sie Briefe an Karl Barth geschrieben, 1934 auch einen Aufsatz unter dem Titel „Eva, wo bist du?"[1]. Diesen Aufsatz schickt sie an Karl Barth und fragt ihn, was Paulus denn meine, wenn er sagt: „Der Mann war nicht geschaffen für die Frau, aber die Frau für den Mann" (1. Kor. 11, 5ff.). Karl Barth antwortet ihr, nach über einem Monat, immerhin und schreibt: Gegenwärtig streitet „ein großer Teil der Christen in Deutschland gegen die Tatsache, daß Christus ein Jude gewesen ist. Es wird sich zeigen, ob das wohlgetan ist und so kann die Frau dagegen streiten, daß die Bibel den Mann des Weibes Haupt nennt. Es wird sich zeigen, ob es sinnvoll ist, diese An-

---

[1] Eva, wo bist du? Gelnhausen 1981, S. 20 ff.

ordnung umzukehren oder – wie Sie es offenbar gerne möchten – zu neutralisieren. ... Aber ich darf Sie doch darauf aufmerksam machen: Es besteht auch die andere Möglichkeit, gegen solche Anordnungen Gottes, die mit dem Faktum seiner Offenbarung gegeben sind – in diesem Fall: gegen die Anordnung, daß Christus ein Mann gewesen ist und als solcher die Superiorität Adams bestätigt – nicht zu streiten, sondern ohne Begründung anzunehmen, daß es nun einmal so ist, um dann vielleicht mit der Zeit von weitem etwas davon zu ahnen, daß es auch gut ist." Und weiter: „Ohne daß ich Sie näher zu kennen bis jetzt die Freude habe, möchte ich meinen, Sie sollten vor allem in Ihre Grundanschauung über das in der Bibel beschriebene Verhältnis von Gott und Mensch etwas mehr Ordnung bringen, humane und theologische Argumentation deutlicher unterscheiden lernen, um dann von da aus zu dem faktischen: daß und wie Gott in diesem Verhältnis handelt nach seiner freien Weisheit und Gnade, in eine lebendige, tröstliche und klärende Beziehung zu kommen. Man kann nur diesen, nicht den umgekehrten Weg gehen. Bitte grüßen Sie Ihren Mann! Ich habe mich seiner Gegenwart in Paris sehr gefreut..." (S. 16). Henriette Visser't Hooft blieb aber beharrlich. Sie fragte nach, argumentierte theologisch und beendete ihren zweiten Brief mit den Worten: „Was aber sagen Sie jetzt, Herr Professor? Glauben Sie nur nicht, ich sei eine Männerhasserin oder mein Gemahl sei ein schrecklicher Tyrann – von beidem ist das Gegenteil wahr." (S. 18 f.). Sie sichert sich also ab, eine weitere Antwort erhält sie allerdings von Karl Barth nicht.

In dem wunderbaren Aufsatz aus dem Jahr 1934 schreibt Henriette Visser't Hooft: „Die Frau hat gesündigt gegen Gott und gegen den Mann, indem sie die Überlegenheit des letzteren anerkannt und so ihre eigene Lebensaufgabe verneinte." 1934! Sie läßt es sich nicht nehmen, auch Karl Barth weiter Anregungen zu geben. Auf Karl Barths Theologie scheint sich dies nicht ausgewirkt zu haben. Vor allem bin ich traurig, daß wir viel mehr über Henriette Visser't Hooft nicht mehr zu wissen scheinen. Sie jedenfalls ist mir Vorbild, die eigenen theologischen Überlegungen tastend zu formulieren und auch nicht davor zurückzuschrecken, bei den theologischen Lehrern nachzufragen. Darin steckt ein ungeheurer Mut und ein großes Selbstbewußtsein. Solche Vorbilder brauchen wir als theologische Lehrerinnen.

2. *Großmütter und Mütter sind für Töchter*
   unmittelbare Leitbilder.

Auch über Mütter und Töchter ist in den letzten Jahren viel Literatur erschienen. Ganz gewiß ist es unbestreitbar, daß Großmütter und Mütter ihre Töchter beeinflussen. Während in den letzten Jahrzehnten die Literatur allerdings sehr stark die notwendige Abgrenzung und Loslösung, den Widerstand der Pubertät für die Selbstfindung der Töchter (Motto: „Wir werden nicht als Mädchen geboren") dargelegt hat, stehen in letzter Zeit eher ermutigende Konstellationen im Vordergrund. Weniger die Abgrenzung, als das sich gegenseitig Respektieren und Freiräume für unterschiedliche Lebensentwürfe Schaffen, werden deutlich.

Bei der Verabschiedung einer Kollegin in der Akademiezeit sagte sie in ihrem sehr persönlichen Beitrag, sie sei so erfolgreich im Beruf, weil sie eben eine richtige Vatertochter sei. Der Vater habe ihr die intellektuelle Nahrung gegeben, ihr Anregungen verschafft, ein selbständiger Mensch, eine Intellektuelle zu werden. Mich hat das sehr gestört, und ich habe später noch einmal mit ihr darüber gesprochen. Ihre Mutter war eine wunderbare Frau, aber ganztags damit beschäftigt, die Familie zu versorgen. Wie hätte sie also berufliches Streben als Rollenbild vorleben sollen? Warum die Abgrenzung von der Mutter? Hätte sie es nicht auch sein können, die der Tochter den Rückhalt, die Rückendeckung gegeben hat, einen eigenen Weg zu finden?

Meine eigene Mutter hat mich persönlich sehr geprägt. Sie war stets berufstätig, ohne daß ich mich je vernachlässigt gefühlt hätte. Daß meine Mutter vielfach abwesend war, das waren wir Kinder gewöhnt. Aber war eine von uns krank, so schaffte sie es immer, zwischendurch zu kommen und ein Fix & Foxi-Heftchen, so hieß das damals, vorbeizubringen – wir wußten uns geliebt und haben ihr vertraut. In Krisensituationen war sie jederzeit für uns da.

Meine Familie stammt aus Pommern. Meine Mutter kam als junge Krankenschwester in das Berlin der Kriegszeit, wurde nach Rügen verlegt und erreichte mit Verwundeten ein Lazarettschiff nach Dänemark, wo sie zwei Jahre interniert wurde. Erst kürzlich wurde über diese Internierungslager in Dänemark erstmals öffentlich berichtet. Meine Großmutter verpaßt mit meiner Tante den letzten Zug aus Köslin, weil bei meiner Tante die Wehen auf dem Bahnsteig einsetzten. Erst 1946 fanden sie eine Möglichkeit, teils mit dem Zug, teils zu Fuß mit drei Kleinkindern nach Hessen zu kommen, wo die Schwester meiner Großmutter lebte. Meine Kindheit war voller Geschichten all der Tanten und Großtanten, meiner Großmutter und Mutter von Angst und Bomben, von sicher idealisierten Zeiten, großen Feldern und Wäldern, dem Meer. Von Vergewaltigungen und Mord und Zerstörung. Sie alle haben neu angefangen, meist ohne Männer.

Das sind nur Beispiele, von diesen Geschichten gibt es Zehntausende in Deutschland und Millionen in aller

Welt bis heute. Es sind Frauengeschichten, die mündlich tradiert werden – oral history. Exemplarische Geschichten, Schicksale, die wahrscheinlich nie schriftlich festgehalten werden. Aber in den Herzen der Töchter leben die Mütter und Großmütter wohl weiter. Jede Frau muß sich irgendwann mit ihrer Mutter auseinandersetzen.

Und was ist mit den Vätern? Natürlich sind auch die Väter Vorbild, das ist gar keine Frage. Als ich in der Akademie in Hofgeismar aber einmal eine Tagung zur Frage der Koedukation gemacht habe, ist mir bewußt geworden, daß ein ganz großes Problem die Frage nach der Rolle des Vorbildes von Vätern für die Söhne ist. Wo finden Jungen heute Männer, die ihnen Vorbild sind, wenn das nicht gleich Rambo sein soll? Viele Väter tauchen in der Kindererziehung kaum auf. Trotz der neuen Väter, auf die ich große Hoffnungen setze, bleibt das der Fall. Meist sind die Söhne mit den Müttern zusammen. Im Kindergarten treffen sie auf Kindergärtnerinnen. In der Grundschule treffen sie auf Grundschullehrerinnen. Wie finden sie Identifikationsmuster oder auch Abgrenzungsmuster bezüglich des Männerbildes? Aber das ist nicht Thema dieses Vortrags, auch wenn ich hier eine ganz große Herausforderung sehe.

Mein Fazit zu diesem Punkt: Wir sollen die Weisheit der Mütter und Großmütter schützen, ihre Geschichten erhalten. Das ist eine der Formen des „Vater und Mutter ehren", es ist eine Form der Identitätsfindung.

3. Aus Solidarität können Vorbilder wachsen.

In meiner Vorbemerkung habe ich über die Unterstützung durch Frauen im Zusammenhang mit meiner Wahl zur Landesbischöfin erzählt. Solche Solidarität von Frauen habe ich immer wieder erlebt. Mir war Konkurrenz von Frauen wesentlich weniger bewußt als diese Solidarität. Das mag daran liegen, daß ich in einer Generation aufgewachsen bin, in der Frauen schon sehr deutlich war, daß bei aller Auseinandersetzung eine Grundsolidarität erforderlich ist. Ich entsinne mich an dieser Stelle ganz besonders einer Frau: Marga Bührig. Ihre Autobiographie ist 1987 unter dem Titel „Spät habe ich gelernt, gerne Frau zu sein" erschienen. Marga Bührig beschreibt behutsam, tastend das, was sie „Bekehrung zum Feminismus" nennt. Ich habe sie ganz besonders kennengelernt im Ökumenischen Rat der Kirchen. Sie hat mich ungeheuer beeindruckt durch die sanfte, aber sehr entschlossene Schweizer Art, in der sie sich eingebracht hat. Als ich Marga kennenlernte, war sie bereits in den 70ern. Auf der Vollversammlung in Vancouver 1983 hatten wir sie zur Präsidentin des ökumenischen Rates der Kirchen gewählt. Über die Wahl schreibt sie:

„... zu schaffen machte mir die tiefergehende Frage: Wollte ich mich wirklich nochmals – und an so exponierter Stelle – auf die Kirche einlassen? Gewiß, ich liebte die ökumenische Bewegung, ich verdankte ihr viele Leben und Glauben rettende Anregungen. ... Und trotzdem war mir bewußt, daß ich bei sehr vielem nicht mehr mitkonnte. Ich hätte mich viel lieber in Freiheit mit feministischer Theologie beschäftigt. Mußte ich wirklich nochmals alle kirchlichen Rituale mitmachen, mir nochmals alle männlichen Auseinandersetzungen über Amt und Einheit anhören, mich in mir fremde, komplizierte Verhandlungs- und Entscheidungszeremonielle einarbeiten? Und doch spürte und erlebt ich gerade in Vancouver die positive Präsenz von Frauen, nicht nur ihre größere Zahl, sondern ihren Beitrag als Referentinnen, Gesprächsleiterinnen ..." (ebd, S. 205)

Mit Marga Bührig habe ich vieles erlebt. Wir waren beide in der Vorbereitungsgruppe für die Weltversammlung für Gerechtigkeit, Frieden und Bewahrung der Schöpfung in Seoul und haben in dieser Zeit versucht, unsere Träume von einem entschlossenen Eintreten der Kirche für Gerechtigkeit, Frieden und Bewahrung der Schöpfung umzusetzen. Wir haben gelitten daran, daß der ökumenische Aspekt des Prozesses sich so schwer gestaltetet. Es hat uns viel Kraft gekostet auszuhalten, daß die Erstellung von Papieren einen mühseliges Hin und Her war. Und ich erinnere mich sehr gut daran, daß wir einmal bis drei Uhr morgens in einem Hotel in Genf, das häßlich und schlecht gelüftet war, bei einer Flasche Rotwein über Gott und die Welt geredet haben. Das letzte Mal habe ich sie gesehen, als ich bei der Beerdigung gemeinsamer Freunde wenige Tage nach dem Leipziger Kirchentag 1997 mit ihr zum Friedhof ging. Ich hatte zwei Sträuße weißer Rosen mitgebracht für Elisabeth und Werner Simpfendörfer, die bei einem Unfall ums Leben gekommen waren. Einen habe ich Marga gegeben und wir haben gemeinsam diese Blumen in die beiden Gräber geworfen. Wenn ich über Vorbilder nachdenke: Marga Bührig ist über zwei Generationen hinweg ganz gewiß mein Vorbild, sich den Herausforderungen zu stellen, die Gott uns in den Weg legt. Sie ist offen für Neues, lernfähig geblieben bis ins hohe Alter und hat mutig ausgesprochen, was andere nur dachten, auch wenn sie wußte, daß sie dafür belächelt wird.

Ebenso sind es aber viele Frauen, die mich auf meinem Lebensweg begleitet haben. Ich sehe keine Frau als totales Vorbild, d. h. eine, der ich vollkommen nacheifern wollte. Aber ich habe beispielsweise bei Hildegard Zumach geschätzt, wie sie pragmatisch mit der Frauenfrage umging. An Johanna Linz, wie sie mutig nach vorn geht und Niederlagen einstecken kann. An Hildegard Lenz-Matthies, wie sie Lebenskrisen bewältigt hat. An Hyung Kyung Chung, wie sie einen Weg, der nicht der meine gewesen wäre, mit aller Konsequenz gegangen ist, so viele Verletzungen sie auch erlitten hat. An Janice Love ihre große politische Bildung und ihre unglaubliche Kompetenz zu leiten. An Aruna Gnanadason die Langmut mit dem europäischen Unverständnis für andere Kulturen. An Salpy Eskidjan ihre großartige Kampagnenfähigkeit. Ich könnte viele andere nennen, die ich in der ökumenischen Bewegung kennengelernt habe. Das sind Frauen, die ich bewundere. Frauen, die nicht versuchen, sich zu verrenken, um zu gefallen. Es sind Frauen mit Macken und Fehlern, wie wir alle, aber mit unglaublichen Stärken, die mir Vorbild sind.

Fazit also: Beim Vorbildcharakter geht es nicht um Perfektion, sondern um Glaubwürdigkeit, nicht um Vollkommenheit, sondern um besondere Gaben.

4. Vorbilder finden sich auch in der Geschichte.

Als Protestantinnen haben wir natürlich keine Heiligen. Fragen sie einen Katholiken oder eine Katholikin nach einem Vorbild, wird er oder sie einen ganzen Schatz von Heiligen vorzeigen können. In einem kleinen Büchlein hat Lisbeth Haase aus unserer Landeskirche Frauen in 2000 Jahre Kirchengeschichte vorgestellt. Das gefällt mir recht gut. Und bei vielen würde ich gern weiter nachfragen. Kennen Sie beispielsweise die Cäcilia aus dem dritten Jahrhundert? Oder Helena aus dem vierten Jahrhundert, Bathilde, die 680 gestorben ist? Einen weiteren spannenden Ansatz in unserer Landeskirche bietet die Ausstellung der EFH: „Frauen gestalten Frauengestalten".

Ich halte es für außerordentlich wichtig, daß wir die Frauen aus der Geschichte neu entdecken. Als Evangelische werden wir nicht zur Heiligenverehrung übergehen. Aber wir können neu die Frauen finden, die uns in der Geschichte Vorbild sind. Sei es Katharina von Bora, Hildegard von Bingen oder manche, die als Hexe verbrannt wurde. Mich hat beeindruckt die Begleitbroschüre zur Ausstellung über Häftlinge im Frauenkonzentrationslager Ravensbrück von 1939 bis 1945. Als ehemalige Generalsekretärin des Kirchentages war mir besonders Elisabeth von Thadden wichtig. Sie wurde am 1. Juli 1944 wegen Wehrkraftzersetzung und Feindbegünstigung zum Tode verurteilt. Am 8. September 1944 wurde sie in Berlin-Plötzensee hingerichtet. An diese Frauen müssen wir uns erinnern, weil ihr Zeugnis eine Ermutigung zum Widerstand ist. Frauen müssen sich nicht in ihr Schicksal oder das Schicksal der Situation oder des Volkes begeben, sondern können sich selbst eine Meinung bilden, können für Menschenwürde und Gerechtigkeit eintreten. Katharina Staritz, über die Gerlind Schwöbel jüngst ein Buch herausgegeben hat, war beispielsweise eine Theologin im Widerstand. Haben Sie je zuvor über den Mut und die Widerstandskraft der Katharina Staritz gehört? Mir jedenfalls war sie bis zu dieser Veröffentlichung unbekannt, während ich von vielen Männern im Widerstand Namen und Schicksal kannte. Viele dieser Frauen sind mir Mütter im Glauben. Die Geschichten dieser Mütter sollten wir tradieren.

Zu diesem Punkt also mein Fazit: Lassen Sie uns in der Geschichte suchen. Und zwar nicht nur in der älteren Geschichte, sondern auch in der jüngeren.

5. *Vorbilder sind für mich ganz normale Frauen, die ihren Alltag bewältigen.*

Bei einer Zentralausschußsitzung gab es eine Plenarsitzung zur Frage der Situation von Kindern in aller Welt. Der Beauftragte der Vereinten Nationen für die

Kinder hat dabei folgende Geschichte erzählt: Margue-
rite ist eine Tutsi-Frau und stammt aus Ruanda, sie
verließ ihr Dorf und heiratete in den Kongo. Als die
Kriegshandlungen dort ausbrachen, floh sie mit ihrem
Mann und den drei Kindern nach Burundi. Ihr Flüchtlingslager wurde eines Tages überfallen, von der Familie überlebte nur sie. Als einzige Zuflucht ging sie zurück in ihr Dorf. Dort traf sie Deborah, eine Hutufrau,
die in den Gemetzeln in Ruanda Mann und Kind ver-
lor. Die beiden haben nun ein Camp für Kriegswaisen
aufgebaut.

Dies ist nun bereits eine ganz außergewöhnliche Geschichte. Meiner Meinung nach müssen wir aber solche Geschichten erzählen und vor allem Alltagsgeschichten. Ich denke mit Bewunderung an die Se-
kretärin, die von ihrer Familie und ihrem Geliebten
verlassen ein Kind zur Welt bringt. Dieses Kind ist sehr
krank; aber sie schafft es, halbtags berufstätig zu sein,
für das Kind eine gute, eine vertraute Lebenssituation
zu schaffen. Da ist die Frau, die für ihren Mann Alltag
und Leben organisiert, Gastgeberin, Kinder großzieht,
Mutter und Schwiegermutter und Vater und Schwie-
gervater pflegt und trotzdem immer nur als die Frau
an seiner Seite gilt. Viele dieser Frauen sind erstaunlich still und im Hintergrund. Eigentlich möchte ich
sie gern in den Vordergrund heben.

Fazit: Wir müssen diese Alltagsgeschichten einander erzählen.

6. Die Frauen in der Bibel haben Vorbildcharakter.

Sie werden verstehen, daß ich noch sehr angefüllt
bin von den letzten Tagen und Wochen. Eine Standard-
frage in jedem zweiten Interview lautete: Wie halten
Sie es mit der feministischen Theologie? Und meine
fast nun schon pauschale Standardantwort hat gelau-

tet: Das ist für mich kein Schimpfwort. Von der feministischen Theologie habe ich gelernt, die Bibel genauer, bewußter zu lesen. Und da finden wir nun eine eindrucksvolle Galerie von Vorbildern. Denken wir an Schifra und Puah, die Vorbilder im Widerstand sind. Denken wir an Ruth und Naomi, ein Vorbild für solidarische Frauenfreundschaft. Miriam, die Pauke schlug, ist für mich ein Vorbild an Mut. Maria, die sich der Botschaft des Engels anvertraute, ist mir ein Vorbild in Vertrauen. Lydia, die die Gemeinde leitet, ist ein Vorbild an Leitungskompetenz. Und die kananäische Frau, von der Matthäus im 15. Kapitel erzählt, sie ist mir ein Vorbild als Lehrerin (vgl. S. 45 ff.).

Jesus als Mann, als Jude, sah Frauen vor Gott nicht anders als Männer. Ganz offensichtlich zählte er Frauen zu seinem Kreis. Er sprach vollkommen unbefangen und ohne jedes Problem mit deklassierten Frauen und überging sie nicht, selbst wenn sich die Jünger darüber wunderten (z.B. Joh 4,27). Sein Denken und Reden, seine Sprache bezog sich auf die Lebenswelt von Mann und Frau. Das zeigen schon die Gleichnisse: Neben dem bittenden Freund (Mt 7,7ff.) steht die bittende Witwe (Lk 18,1ff.), neben dem verlorenen Schaf (Lk 15,3ff.) der verlorene Groschen (Lk 15 8ff.), neben dem Senfkorn (Mt 1,31f.) der Sauerteig (Mt 13,33). Wie Zachäus ein „Sohn Abrahams" genannt wird (Lk 19,9), so die Frau mit dem verkrümmten Rücken eine „Tochter Abrahams" (Lk 13,16).[2] Geschichten, Beispiele, Vorbilder von Frauen sind in der Bibel vielfach zu finden. Das Herausragende an diesen Vorbildern ist, daß sie durch die Jahrhunderte und über kulturelle Grenzen hinweg wirken. Wir können uns also über sie auch über Grenzen hinweg austauschen.

---

[2] Viele weiter Beispiele vgl. E. Gerstenberger/W. Schrage, Frau und Mann, Stuttgart u.a.1980, S. 115f.

7. Frauen mit Kindern und Frauen ohne Kinder

Eine Frau, die mir sehr nahe steht, hatte Fehlgeburten und wurde trotz großen Kinderwunsches nicht schwanger. Bei einem Waldspaziergang sagte sie: „Weißt Du, ich fühle mich wie eine taube Nuß." Dieser Begriff war ihr so verletzend geworden, daß sie ihre ganze Trauer in ihn hineinstecken konnte. In dem Alter, in dem ich mich befinde, ist für die meisten Frauen die Grenzerfahrung von Kinderhaben und Kinderlosigkeit greifbar. Das hat jahrelang, jahrhundertelang Frauen voneinander getrennt. Da war die Mutter, glücklich, ihr Lebensziel erfüllend. Da die Frau ohne Kinder, bedauert, eine „taube Nuß". Das wurde auch kräftig gegeneinander ausgespielt. In meiner Zeit als Beauftragte für den kirchlichen Entwicklungsdienst habe ich gleichrangig mit einer Frau in der ökumenischen Werkstatt in Kassel zusammen gearbeitet. Ich hatte drei Kinder, sie war kinderlos. Bei Gemeindeabenden begegnete uns beiden Skepsis. Mir wurde gesagt, ich sei eine schlechte Mutter (natürlich implizit, selten direkt). Ihr wurde gesagt, sie sei ja nur so engagiert, weil sie zu Hause nichts erwartet (natürlich höflich, implizit). In dieser Konstellation habe ich gelernt, daß Frauen mit diesen Unterschieden umgehen können. Es gibt verschiedene Lebensentwürfe von Frauen, die einander akzeptabel sind.

Mir scheint, da hat sich in den letzten Jahren erhebliches geändert. Der Respekt voreinander, die Freundschaft miteinander, die Zuneigung zueinander hängt von den Lebensentwürfen nicht mehr fundamental ab. Ich habe großen Respekt vor einer Frau, die um einer guten Mutterschaft willen auf den Beruf verzichtet. Diesen Respekt spreche ich aber auch einer Frau nicht ab, die um einer beruflichen Karriere willen auf Kinder verzichtet, und schließlich habe ich ein großes Solidaritätsgefühl mit Frauen, die darum ringen, Muttersein und Berufstätigkeit zu verknüpfen und dabei das schlechte Gewissen in erträglichem Rahmen zu halten.

Wenn es um Vorbilder geht, müssen wir die Kinderfrage als Frauen thematisieren. Vielleicht ist das ganz gut über das Verhältnis von Maria und Eva möglich. Was wurde nicht alles in die beiden projiiziert! Eva, die Verführerin, die sündige, die mit der Schlange paktiert. Maria, die sanfte, die mütterliche, die keusche. Das geht natürlich auch ganz anders! Eva, die unter Adams Begehrlichkeit leidet und unter Schmerzen Kinder gebären muß. Maria, die trotzig das Lied davon singt, daß Gott die Mächtigen vom Thron stürzen wird. Wenn es um Vorbilder geht, müssen wir unsere festgefügten Bilder aussortieren.

Pauline Webb, Präsidentin des Ökumenischen Rates der Kirchen von 1975 bis 1983, eine Jounalistin aus England, kinderlos, hielt bei der Vollversammlung des ÖRK 1983 in Vancouver eine eindrucksvolle Eröffnungspredigt. Darin sagte sie: „Das Vergießen von Blut bedeutet nicht nur Zerstörung und Tod, es kann auch ein Symbol für Schöpfung und Leben sein. Für eine Frau ist es ein Zeichen dafür, daß ihr Körper in der Lage ist zu gebären, wenn neues Leben in ihr ensteht. Und auch wenn sie selbst nie das Privileg der Mutterschaft erfährt, können die Instinkte und Energien, die in ihr freigesetzt werden, von Gott genutzt werden, in der er sie an der Erhaltung und Ernährung seiner Kinder ... mitwirken läßt. Sie ist berufen, das Leben hochzuhalten, wo immer es erniedrigt wird ..."[3]

Sie können sich vorstellen, wieviele Diskussionen diese Predigt ausgelöst hat! Vor allem aber hat sie Frauen mit Kindern und Frauen ohne Kinder zusammenge-

---

[3] Bericht aus Vancouver 1983, hg.v. Walter Müller-Römheld, Frankfurt 1983, S. 241ff., S. 246.

bunden. Mein Fazit zu diesem Punkt also: Frauen mit Kindern und Frauen ohne Kinder – hieran scheidet sich der Vorbildcharakter gerade nicht.

8. *Männer und Frauen als Vorbilder*

Noch einmal ein Beispiel aus meinem jüngsten Erlebnishorizont: M. Schmidt-Degenhardt, ein seriöser Journalist, fragte mich in einem Interview plötzlich: Warum haben denn Männer vor ihnen Angst. Zum Glück war ich schlagfertig genug zu antworten: „Das müssen Sie mir sagen".

Angst voreinander haben ist Unfug. Mir waren viele Männer Vorbild. Da kann ich schon bei Jesus anfangen! Wichtig war mir in meinem Leben Martin Luther-King. Ernst Lange war mir ein theologischer Lehrer. Ich hatte einen Vikarsvater, der mich nachhaltig beeindruckt hat. Philip Potter hat mir den Einstieg in den Ökumenischen Rat erleichtert. In Konrad Raiser hatte ich einen Doktorvater, der mir die Ermutigung gegeben hat, die ich für die Promotion gebraucht habe. Selbstverständlich können Männer Vorbilder und Lehrer für Frauen sein. Aber Frauen können auch Vorbilder für Männer sein! Das ist wahrscheinlich etwas Neues. Warum ist das eigentlich so schwierig?

Die Rolle von Frauen wird leicht abgewertet. Bei meiner Vorstellung vor den Synodalgruppen am 7. Mai fragte eine Synodale, was ich von der Aussage hielte – die sie kürzlich gehört hatte – in der Tatsache, daß eine Frau für das Bischofsamt kandidieren könne, zeige sich der Bedeutungsverlust der evangelischen Kirche. Auch in der Wirtschaft heißt es, Stellen, die von Frauen besetzt waren, seien für Bewerbungen von Männern unattraktiv.

Zur Vorbereitung auf diesen Vortrag habe ich zwei Gespräche mit Ulrike Denecke geführt. Ein Satz ist mir im Gedächtnis hängen geblieben und hat mich in den letzten Tagen beschäftigt. Ulrike Denecke sagte: „Für mich ändert sich sehr viel, wenn die Direktorin des Amtes für Gemeindedienst eine Frau ist und die Bischöfin eine Frau ist. Das ist plötzlich eine von uns. Da ist etwas, was ich kenne. Und das kennen die Männer schon lange."

An diesem Stichwort sollten wir weiter nachdenken. Ich bin mir noch nicht ganz sicher, was es bedeutet. Aber ich denke, hier ist gerade für die Frage nach Autorität und Vorbild eine ganz elementare Frage angesprochen. Es ist für Männer neu, Frauen als Vorbilder zu sehen, die Veränderungen in der Rolle der Frau eröffnen neue Möglichkeiten. Ich glaube nicht, daß hier eine Unmöglichkeit besteht, sondern lediglich eine Veränderung.

Mein Fazit: Männer können Vorbilder für Frauen sein und Frauen können Vorbilder für Männer sein.

9. Autorität wird nicht geschaffen, Autorität wächst.

Es soll ja am heutigen Tag auch um die Frage nach Autorität gehen. Wenn Sie nach einer Definition suchen, dann geht es um Ansehen oder, nach Cicero, um eine maßgebende Persönlichkeit. Eine maßgebende Persönlichkeit entsteht nicht, weil eine Person eine Persönlichkeit werden will. Das geht meistens schief! Eine Persönlichkeit, und damit ein Mensch mit Autorität, wächst meines Erachtens nur durch Glaubwürdigkeit. Autorität entsteht nicht durch Wortgewalt, durch Schönheit, durch Glanz, durch Geld, Autorität entsteht nur durch eine Übereinstimmung zwischen Reden und Tun, durch Integrität. Es gibt Menschen, denen können wir in die Augen sehen und bei denen können wir spüren: Dieser Mensch meint, was er sagt.

Autorität entsteht m.E. nicht durch Wissen im wissenschaftlichen Sinne. Autorität entsteht auch nicht durch Macht. Autorität entsteht nur durch Glaubwürdigkeit. Es ist gut, wenn einem Amt Respekt entgegengebracht wird. Autorität aber geht damit nicht automatisch einher. Ein autoritärer Mensch in einem mächtigen Amt ist noch lange keine Autorität. Und ein ohnmächtiger Mensch kann zur Autorität werden.

10. Bischöfinnen sind nicht ohne Vorbild.

Eine Bischöfin hat Vorbilder. Ich habe einige genannt. Da gibt es Vorbilder aus der Familie, wie die Mutter und die Großmutter. Das gibt es Vorbilder aus der Geschichte, wie Hildegard von Bingen und Katharina von Bora. Da gibt es geleitende Freundinnen, wie Marga Bührig oder Hildegard Zumach. Das gibt es Schwestern und Begleitende und Anregende. Es gibt Frauen in der Bibel und es gibt auch Männer, die Vorbild sein können. Es gibt inzwischen andere Bischöfinnen, Barbara Harris aus den USA, Rosemarie Köhn, die norwegische Bischöfin, Maria Jepsen selbstverständlich. Den eigenen Weg muß aber jede für sich und im Einklang mit der eigenen Person finden. Ein Vorteil bei einem so neuen Amt ist: Eine Bischöfin heute hat eine relativ große Freiheit, ihren eigenen Stil zu finden. Das fängt schon bei der Frage an, wie kleidet sich eine Bischöfin?

Keine Person kann planen, für andere Vorbild zu werden. Das kann nur schief gehen. Vorbild wird eine Person nicht aus eigener Kraft. Jede Person kann nur um die eigene Glaubwürdigkeit ringen. Viele haben mir geschrieben, daß sie mir wünschen, daß ich durch das Amt nicht verbogen werden, daß ich mich nicht anpasse, daß ich nicht verschleiße, meinen Humor nicht verliere, mein Lachen nicht aufhört. Ob das alles gelingt, weiß ich nicht. Ich kann heute nicht versprechen, was das Amt mit mir macht. Aber ich glaube, daß die Vorbilder in meinem Leben mir eine gewisse Widerstandskraft gegen Anpassung mitgegeben haben. Auch glaube ich, daß der christliche Glaube mir eine Widerstandskraft gegen lapidare Anpassung an den Zeitgeist mitgegeben hat. So hoffe ich, diese Widerstandskraft durch die Vorbilder wird mir die Kraft geben, mein Amt auf meine eigene Weise auszufüllen. Dazu hilft übrigens, sich im Gebet Gott anzuvertrauen und gerade nicht zu hoffen, selbst irgend etwas leisten zu können. Und gerade nicht selbst irgend etwas leisten zu müssen.

Zum Schluß: Frauen als Vorbild – Vorbilder für Frauen. Ich konnte nur aus dem Steinbruch einiges beifügen in eine laufende Diskussion, die ich am Anfang eines spannendes Prozesses sehe. Zum Thema Autorität wird es heute nachmittag vielfältige Vertiefungen geben.

Geistliche Leitung in der Kirche

Beitrag beim Generalkonvent

Stade, 14.9.99

Liebe Mitglieder des Generalkonvents!

Welch spannende Themenvorgabe! Sie selbst, Herr Landessuperintendent Johannesdotter, haben beim Ephorenkonvent in Loccum am 25.4.1996 referiert zur Frage: „Was ist geistliche Leitungskompetenz?", Landessuperintendent Buß hat referiert zur „geistlichen Leitungsaufgabe des Superintendenten und der Superintendentin" und seinem Referat gleich eine lange 22 Titel umfassende Literaturliste angefügt. Selbstverständlich bin ich auch hingewiesen worden auf die Abhandlung von Hans Philipp Meyer (vielen von Ihnen bekannt als „Vizemeyer") aus dem Jahr 1980 zum Thema „Kirchenleitung nach lutherischem Verständnis". Der Geistliche Vizepräsident Linnenbrink hat am 2.9.1999 beim Theologischen Forum in Göttingen gesprochen über „Management und geistliche Leitung", zudem gibt es das berühmte Aktenstück Nr. 45 B der Synode sowie die Einführung hierzu von Landessuperintendent Schmidt. Dazu kommt die Diskussion um das Pfarrerbild insgesamt. Neue Bücher sind erschienen von Huber und von Kroeger, und der praktische Theologe Wilhelm Gräb hat am 4.9.1999 ebenfalls in Göttingen auf dem Theologischen Forum einen Vortrag zum Thema „Management und geistliche Leitung" gehalten.

Noch einmal: Liebe Mitglieder des Generalkonvents!

Die Frage nach der geistlichen Leitung in der Kirche ist also auf der Tagesordnung. Was aber kann ich hierzu noch Neues sagen? Da in der Bischofskanzlei das Grimm'sche Wörterbuch steht, habe ich zum Thema „leiten" dort nachgesehen und unter diesem Punkt gelesen, daß es darum geht, daß jemand einen Weg weist, persönliche Führerschaft übernimmt. Geistlich wird als Gegensatz zu leiblich, fleischlich, natürlich definiert. Im ersten Definitionsgang bereits wird dies auf den kirchlichen Gebrauch bezogen und Luther, von der Freiheit eines Christenmenschen, zitiert: „Ein jeder Christenmensch ist zweierlei Natur, geistlicher und leiblicher." Das hilft weiter, aber auch nicht fundamental. Nun haben die Presseberichte immerzu erklärt, ich sei sehr diszipliniert. Also: Sie haben mir ein Thema gestellt, ich werde mein Bestes tun, meine Sicht der Dinge hierzu beizutragen.

1. Erfahrung mit Leitung

Das bischöfliche Amt ist bei allen strukturellen Unterschieden nach unserem theologischen Verständnis zunächst ein Pfarramt. Allerdings ein ziemlich großes mit 3,2 Mio. Gemeindegliedern im Falle Hannovers. Die Fragen, die sich nach der geistlichen Leitung stellen, beziehe ich daher nicht explizit auf das Bischofsamt, sondern auf das Pfarramt. Diese Fragen gelten Pastoren und Pastorinnen sowohl im gemeindlichen Dienst als auch im funktionalen Dienst. Sie gelten für Superintendenten und Superintendentinnen, für Landessuperintendenten und Landessuperintendentinnen. Ich selbst bin nun erst seit 10 Tagen mit der Leitungsverantwortung als Landesbischöfin beauftragt. Daher liegt mir heute hier beim Generalkonvent mehr am Gespräch als an meinem Vortrag. Ich würde gern wissen, wie Sie Ihr geistliches Leitungsamt verstehen, wie Sie es wahrnehmen, wie Sie es in der Praxis umsetzen. Meine Gedanken sind daher eine Gesprächsanregung.

Persönlich habe ich Leitungserfahrung auf verschiedenen Ebenen. Da war zunächst die Zeit, die mein Mann und ich in einer Kirchengemeinde in Hessen verbracht haben. Sechs Dörfer, drei Predigtstellen, drei Kirchenvorstände, ein Kindergarten, eine Diakoniestation. Mitten drin wir, das Pfarrerehepaar, ein und eine halbe Stelle, drei kleine Kinder. Die geistliche Leitungsaufgabe habe ich hier ganz besonders als seelsorgerliche Aufgabe wahrgenommen. Was sagt Gott mit Blick auf die Katastrophen unserer Zeit? Wie kann ich vom christlichen Glauben reden, wenn innerhalb von wenigen Wochen drei Männer im besten Lebensalter Selbstmord begehen? Wie kann ich vermitteln bei dem das ganze Dorf beschäftigenden Familienkonflikt um die Pflege der alten Großmutter? Was sage ich denn am Grab eines fünfjährigen Kindes? Die Menschen haben am Pastor und der Pastorin Halt gesucht. Trost war wichtig, Vertraulichkeit, eine Möglichkeit zu beichten. Bei den Festen der Gemeinde waren natürlich Pastor und Pastorin gefragt. Aber wirklich gebraucht haben sie uns in den Krisenzeiten. Als Beispiel will ich das Grubenunglück in Borken nennen. Männer, die von der Arbeit nicht wie gewohnt nach Hause kamen, wenige, die gerettet wurden, die Frage nach dem Sinn ...

Auch im Ökumenischen Rat der Kirchen habe ich Leitungsfunktion übernommen. In dieser Funktion habe ich ein gerüttelt Maß an Geduld lernen müssen. Nicht gleich die eigene Überzeugung unabänderlich voranstellen, sondern hören, lernen, wahrnehmen und annehmen, daß andere aus ihren kulturell so vollkommen verschiedenen Erfahrungen unterschiedliche Ansätze mitbringen. Die Erfahrung hier hat mir gezeigt, daß geistliche Leitung und vorschnelles Urteil nicht zusammen gehören. Zur Leitung gehört auch Hörkompetenz. Als Beispiel will ich die afrikanische Ahnentheologie nennen.

Schließlich habe ich Leitungsfunktionen gehabt beim Deutschen Evangelischen Kirchentag. Da mußte Leitungskompetenz bewiesen werden im Zusammenhalt der Vielfalt. 850 Gruppen im Markt, 500 kommunikative Gruppen, missionarische Dienste, Bläserdienste, feministisch-theologische Basisfakultät, Forum Globalisierung, Arbeitsgruppe Körper, wie kann das Ganze aus dem diffusen Vielen einen roten Faden zeigen? Ab dem Leipziger Kirchentag habe ich diesen Faden biblisch-theologisch bestimmt. Mir lag daran, mit der Losung und den Bibelarbeitstexten, den Texten für Feierabendmahl und Schlußgottesdienst einen Rahmen zu bestimmen, in dem die Vielfalt nicht als Beliebigkeit, sondern als verschiedene Teile eines Ganzen erschien.

Seelsorge also, hören und wahrnehmen und schließlich biblisch-theologische Fundamentierung. Das sind meine persönlichen Erfahrungen mit geistlichem Leiten. Vielleicht nehmen Sie sich jetzt einmal fünf Minuten Zeit, Ihre Stichpunkte im kleinen Gespräch miteinander zu erörtern: Wo können Sie sagen, daß Sie Leitungserfahrung, geistliche Leitung bestimmen? —

2. Leitung durch das Wort

In der letzten Woche mußte ich gleich für anderthalb Tage zu einer Sitzung der Leitenden Geistlichen und der Kirchenkonferenz der EKD. Zur Vorbereitung auf heute habe ich nebenbei, wenn es nicht ganz so interessant war, den Aufsatz von Eberhard Jüngel „Was ist die theologische Aufgabe evangelischer Kirchenleitung?" aus dem Jahr 1994 gelesen. Wolfgang Huber, der Bischof von Berlin, der neben mir saß, fragte: „Wozu liest du das denn?" Ich habe ihm von dem Vortrag erzählt, und er sagte: „In Berlin werde ich derzeit nur nach Stellenplänen gefragt." Ich habe gefragt, was er denn zu geistlicher Leitung sagen würde, und er hat gesagt: „Schick ihnen die Rede von Hirschler und deine Predigt vom 4. September und diskutiert darüber. Dann ergibt sich die Frage nach der geistlichen Leitung von selbst."

Ja, das wäre schön gewesen, aber der Vorschlag kam zu spät ... So habe ich mich aber noch einmal auf CA 28 konzentriert: Sine vi humana sed verbo. Geistlich geleitet werden kann nach unserem Verständnis also nur durch das Wort, die Predigt. Die Auseinandersetzung mit der Schrift ist das Zentrum geistlicher Leitung.

All die Artikel, die ich am Anfang genannt habe, beziehen sich darauf. Die Wirkkraft des Wortes steht im Mittelpunkt. Was heißt das denn aber für uns als geistlich Leitende? Setzen wir uns der Wirkkraft des Wortes wirklich aus?

Vielleicht tun wir das zu allererst bei der Predigtvorbereitung. In den Sommerferien habe ich noch einmal bei Rudolf Bohren in der Predigtlehre nachgelesen. Er schlägt vor, daß der Pastor oder die Pastorin am Montag den Predigttext für die kommende Woche liest und diesen an dem „freien" Montag meditiert. Vor dem kommenden Sonntag solle er oder sie sich dann noch mal einen Tag Zeit nehmen, um das mitgegangene Wort zur Predigt zu verfassen. Ein Idealbild! Kirchenvorstandssitzung, Diakonieausschuß, Besuchsdienst, Beerdigung, Geburtstagsbesuche, Krankenhausseelsorge, Konfirmandenunterricht, Familie und Pflichten, Repräsentation, all das kommt nicht vor. Und viele von uns fragen sich, wozu habe ich eigentlich Griechisch und Hebräisch gelernt? Es reicht doch gerade noch zur Lutherübersetzung und erst am Samstagnachmittag.

Meine Erfahrung beim Kirchentag war ein unendlicher Gewinn an den biblischen Texten, als ich mit einer kleinen Gruppe von Exegetinnen und Exegeten begann, die Losung und die Bibelarbeitstexte, die Gottesdiensttexte für Kirchentage vorzubereiten. Wir haben zusammen gesessen, die Texte hebräisch und griechisch gelesen – das hatte ich als Pastorin lange nicht getan und es tat mir gut, ich habe neues entdeckt.

Mir scheint wirklich, daß die Zuwendung zu den biblischen Texten das Zentrum für die Erneuerung der Kirche ist. In meiner Antrittspredigt am vorvergangenen Samstag habe ich von der Frau aus dem Pazifik erzählt. Sie sagte bei einer ökumenischen Konferenz: „Ich weiß nicht, was ihr Deutschen für Probleme mit der Bibel habt!"

Wir können an den biblischen Figuren vieles neu entdecken. Sie sind für mich nicht nur Assoziationsgrund für Fragen von heute, sondern halten tiefe Glaubenseinsichten bereit. Auch an diesem Punkt möchte ich Sie bitten, einmal kurz das Hören zu unterbrechen und zum eigenen Reflektieren zu kommen: War da ein biblischer Text, der Sie in der letzten Zeit tief bewegt hat? Gab es eine Predigtvorbereitung, bei der Sie neuen Zugang zum Glauben gefunden haben? —

Viele von uns machen die Erfahrung, daß eine gute Predigtvorbereitung das eigene Herz erfüllt, den eigenen Geist beflügelt, aber dann die Niederlage des Gottesdienstes erlebt. Der Festgottesdienste sind ja nicht so viele. Viele müssen Sonntag für Sonntag vor kleinen Gruppen reden. Dennoch halte ich an der Sonntagspredigt fest. Wo immer sie stattfindet! Können wir neue

Formen schaffen? Spezielle Gottesdienst für Familien sind an der Tagesordnung. Aber wie werden sie eingebettet in ein Setting, das ein Gesamtangebot darstellt, beispielsweise mit anschließendem Mittagessen? Wie stellen sie traditionelle 10-Uhr-Gottesdienste neben andere Gottesdienstformen? Das Wort, das habe ich auch am 4. September gesagt, es ist ja ein Wort, das nicht abstrakt oder intellektuell bleibt, es wird ja leibhaftig. Können biblische Texte getanzt werden? Können wir im Kreis sitzen und darüber meditieren? Wie gehen wir mit dem Wort so um, daß die Gemeinde mündig wird? Natürlich hat der Pastor, die Pastorin einen Machtvorsprung durch das Theologiestudium. Aber manchmal habe ich den Eindruck, daß die historisch-kritische Methode die Gemeinden auch entmündigt hat.

Wie schaffen wir Zugänge zur Bibel, für uns selbst, aber auch für die Gemeinde? Das scheint mir eine zentrale Frage der geistlichen Leitung in der Kirche heute zu sein. Wenn wir „sine vi sed verbo" sagen, fragen wir natürlich auch nach den Ordnungen der Kirche, nach der Lehre. Der Protestantismus kennt Vielfalt, das heißt aber nicht, daß er sich in Beliebigkeit erschöpft! Die Pastorinnen und Pastoren, die Kirchenleitenden auf anderer Ebene sind selbstverständlich auch dafür zuständig. Mir hat aber sehr geholfen, als mir ein Oberlandeskirchenrat den Text von „Vizemeyer" von 1980 zusandte. Er hat ausführlich darüber reflektiert, wie Ordnungen der Kirche denn Substanz gewinnen. Er schreibt: „Es wurde behauptet, daß Kirchenleitung nur geschehen darf in der Bereitschaft, Gottes Willen gelten zu lassen. Bei Kirchenordnungen im ‚geistlichen' Bereich muß dies dazu führen, daß Konsens bzw. Rezeption als die einzigen Wege der Durchsetzung gesucht werden. Ordnungen, Weisungen also nur durch den Konsens." Was heißt aber Konsens in der Kirche? Wie finden wir ihn? Bei aller Individualität, Eigenverantwortung, Wertschätzung für das Einzelgewissen sollten wir neue Formen der Verabredung miteinander finden.

Als ich in der vergangenen Woche mit den Leitenden Geistlichen zusammen war, haben wir uns entschieden, eine gemeinsame Kampagne aller Landeskirchen zum Sonntagsschutz durchzuführen. Nach langer Diskussion wurde durchgesetzt, daß nicht jede Landeskirche ein eigenes Signet, einen eigenen Aufkleber findet, sondern im Vertrauen dieses der rheinischen Landeskirche übergeben wird und die einzelnen Landeskirchen die Mittel dafür zur Verfügung stellen, daß dies eine EKD-weite Kampagne wird. Der Präsident, Herr Dr. von Vietinghoff, hat mir zugeflüstert: „Das ist neu, wir machen tatsächlich etwas zusammen." Dieses wünsche ich mir auch für unsere Landeskirche. Es gibt Fragen, da sollten wir gemeinsam sprechen. Bei allem Einzelgewissen ist unsere Vielfalt manchmal auch irritierend. Was sagen wir beispielsweise zur Kopftuchfrage? Das ist ja nun in Niedersachsen mit Blick auf eine muslimische Lehrerin ein ganz akutes Problem. Wir können in sozialethischen, gesellschaftspolitischen Fragen zu unterschiedlichen Überzeugungen kommen. Das kann Autobahnbau oder Bundeswehr, Kernkraft oder die Asylfrage betreffen. Aber wir sind einander rechenschaftspflichtig hinsichtlich der Motive! Die biblischen und theologischen Grundlagen unserer Positionen müssen wir darlegen können.

Überzeugungskraft in Ordnungsfragen gewinnen wir ganz gewiß durch Solidarität und Kooperation, durch gegenseitigen Respekt derer, die mit dem geistlichen Amt betraut sind. Mancher und manche müssen da vielleicht manchmal zurückstecken, auch die Landesbischöfin. Dabei müssen wir in unseren unterschiedlichen Ämtern das Einverständnis der Gemeinde fördern.

Ich halte nichts davon, der Gemeinde etwas vorzusetzen. Vielmehr wirkt nach meiner Erfahrung Darlegung der eigenen Grundüberzeugungen. Hat das mutuum colloquium fratrum sororumque – und damit meine ich nicht nur die Ordinierten – stattgefunden, kann den Kirchenkreisvorständen, den Kirchenvorständen m.E. auch zugetraut und zugemutet werden, Gemeinsames mitzutragen. Dieses Einverständnis zu suchen ist Teil der geistlichen Leitung der Kirche.

Geistliche Leitung erfolgt also durch das Wort in seiner Vielfalt und durch das Ringen um Gemeinsamkeit mit Blick auf die Ordnungen.

3. Zur Person, die leitet.

Mir ist schon klar, die Pastorinnen und Pastoren sind in einer bedrängten Situation: Da wird gespart, da werden Schönheitsreparaturen für die Pfarrhäuser einfach vom Gehalt eingezogen, Stellen werden gekürzt, Beihilfen werden einbehalten, mancher und manche von Ihnen haben wahrscheinlich den Eindruck, sie sind die Gebeutelten der Spardebatte. Die Superintendenten haben mir zwar gestern abend erläutert, daß dies alles den Sprengel Stade nicht so arg treffe, dennoch:

In der Gesellschaft nimmt die Akzeptanz ab und an manchem Ort sind so viele zu versorgen, daß der Pastor oder die Pastorin nicht allen Anforderungen gerecht werden kann. Als Bischöfin möchte ich Ihnen Mut zusprechen. Die Pastoren sind weiterhin die Repräsentantinnen und Repräsentanten der Kirche. Sie sind diejenigen, die geistliche Leitung vor Ort wahrnehmen müssen!

Was mich bekümmert ist, daß mit der bedrängten Situation viele abfällig über ihre eigene Kirche reden. Das können wir uns nicht leisten! Bei aller Bitterkeit, bei allen Enttäuschungen sollten wir als Pastorinnen und Pastoren doch diejenigen sein, die zunächst die Kirche als ganze vertreten, wo immer er oder sie spricht. Sie wissen es selbst, jede Verfehlung eines Pastors, klaut er nun Stühle oder greift sie in die Kollekte, ist für die Presse ein gefundenes Fressen. Ich wünsche mir, daß wir das Bild der Integrität aufrechterhalten, daß wir uns selbst verpflichten, diese Integrität auch zu leben. In einer Gesellschaft, der alle Werte flötengehen, sollten wir Tabus einhalten. Eine Person kann überzeugen, alle Umfragen zeigen, daß der Pastor und die Pastorin für die Menschen die Bezugspunkte sind.

Gewiß, es ist schwierig, Stellen zu teilen, es ist belastend, junge Menschen nicht in den Pfarrdienst übernehmen zu können, obwohl sie sich für den Beruf geeignet fühlen, eine Berufung wahrnehmen. Es ist nicht leicht, den Sparplänen zu folgen. Aber der Pastor und die Pastorin sollten sich das an Amtsrespekt und Amtsautorität erhalten, was tradiert ist. Es ist die Person, die überzeugt. Und es ist die Person, die etwas von der Freude des Evangeliums ausstrahlen sollte. Dazu braucht eine Person Kraft. Es gibt das Recht, sich zurückzuziehen, zu regenerieren. Nur so können wir Erschöpfung und Müdigkeit vorbeugen. Und nur so können wir uns den Humor erhalten, den wir benötigen in einer säkularisierten Welt. Pastorinnen und Pastoren müssen nicht alles können. Sie sind nicht die besten Baufachleute und Finanzexpertinnen – entlasten Sie sich wo möglich! Aber sie sind Theologinnen und Theologen, und dazu gehört auch die Zeit zur Lektüre und zur Reflexion. Das ist Arbeitszeit und bedarf nicht der ständigen Rechtfertigung.

Auch zu diesem Punkt bitte ich Sie, im kleinen Kreis zu besprechen: Wankt Ihr eigener Glaube? Können wir das Evangelium noch als frohe Botschaft verstehen? Sind wir die Personen, die Integrität, Verschwiegen-

heit, Frömmigkeit leben? Was ist unsere eigene Gebets-
praxis? Sind wir nur Managerinnen und Manager unseres Amtes? —

Saint Exupéry schrieb: Man sieht nur mit dem Herzen gut. Das wird oft zitiert. Mit dem Herzen sehe ich
aber tatsächlich die andere Person. Wir machen uns
gar nicht klar, wie stark die Wahrnehmung über das
gesamte Sinnenvermögen ist. Ich bin überzeugt, daß
die Menschen wahrnehmen, ob ein Pastor, eine Pastorin glaubt, was er oder sie predigt.

Als Bischöfin möchte ich Ihnen Mut machen, von
der eigenen Frömmigkeit zu reden. Was bedeutet uns
das Wort Gottes? Was heißt Auferstehung für mich?
Wo habe ich Widerstände gegen die biblische Botschaft?
Ist Jesus mir Vorbild? Wie bete ich? Welche Rituale
sind mir wichtig? Wie erziehe ich meine Kinder? Zu
einer praktizierten Frömmigkeit gehört eine tiefe Spiritualität. Ich bewundere Menschen, die weiterhin
kniend beten. Wir müssen Zeit finden zur Meditation
des Wortes. Wir alle gemeinsam sollten Worte finden,
von unserem Glauben zu reden. Bei der Andacht kann
es nicht nur darum gehen, daß Ferien schön und be-
freiend sind. Sie sind eine gute Gabe Gottes, der Sonntag ist ein Geschenk, der siebte Tag ein Tag, an dem
auch Gott ruht.

Was wir tun und sagen, vollzieht sich nicht nur in
der Predigt. Es geht darum, wie wir anderen begegnen, auf sie eingehen, zuhören. Wenn Menschen uns
vertrauen können, weil sie Integrität spüren, dann werden sie sich auch öffnen und ihre Verletzungen zeigen.

Die Gemeinde muß mündig werden durch das Wort.
Wir können sie nicht klein halten! Das tun wir aber
gerade nicht , wenn wir die Autorität des Amtes wahrnehmen und durch die Integrität unserer Person fül-
len. Wir alle werden schuldig, keiner von uns ist ein

vollkommener Mensch. Wir dürfen darauf hoffen, daß wir gerechtfertigt sind allein durch den durch Gottes Gnade geschenkten Glauben. Ja. Aber wir selbst müssen die Integrität unserer Persönlichkeit aufbauen, damit wir das Wort auch mit Integrität verkünden können.

Dazu gehört natürlich auch Kompetenz, kommunikative Kompetenz und vieles andere mehr. Manches können wir lernen. Die Landeskirche bietet auch Gelegenheiten zur Fortbildung an. Aber vielleicht ist es wirklich die Gemeinschaft miteinander, die Vertraulichkeit und Verschwiegenheit untereinander, die wir pflegen müssen, damit wir die Kraft haben, in der Integrität des Amtes vor Ort zu wirken. Diese Integrität wird überzeugen und andere ermutigen, zu ihrem Pastor, ihrer Pastorin, ihrem Superintendenten, ihrer Superintendentin, dem Landessuperintendenten oder der Landessuperintendentin, der Bischöfin zu gehen und sich mitzuteilen. Geistliche Leitung und eigene Integrität gehören zusammen.

4. Unternehmen Kirche?

In den letzten Monaten war viel davon die Rede, daß die Kirche lernen sollte von den Marketingstrategien moderner Unternehmen. Besonders Mc Kinsey und die bayerischen Vorgänge haben dabei Furore gemacht. Das wäre ja ganz leicht: Die Kirche verschafft sich ein neues öffentliches Image, und schon haben wir die Reform! Aber das ist meines Erachtens ein großer Kurzschluß. Die Erneuerung der Kirche wird nur durch das Wort vollzogen. Das ist ein wahrhaftig geistlicher Prozeß. Die Kirche ist kein Unternehmen! Effizienzgesichtspunkte können nicht das erste Kriterium sein. Wieviel ein Gottesdienst kostet beispielsweise, rechnen wir Pastorenzeit, Organistin, Küster, Heizung ein: Machen wir dann in Relation zur Zahl der Teilnehmenden ein Defizit? Der Präsident des Frankfurter Kirchentages 2001 ist ein leitender Mitarbeiter des Daimler-Chrysler-Konzerns. Bei vielen Punkten hat er mir gesagt: „Margot, eine Minute kostet eine Mark." Diese Frage ist geistlich nicht zulässig. „Wo zwei oder drei versammelt sind ...", das hätte dann gar keine Bedeutung mehr. Wenn die Pastorin einen Sterbenden begleitet und über Wochen mit hohem Zeitaufwand besucht, wäre das Zahlenverhältnis völlig durcheinander gebracht. Sie müßte unter Managementgesichtspunkten gekündigt werden! Aber nach Mt 25 hat sie die besucht, die an Jesu statt waren! Wehe, wenn unter Kosten- und Effizienzgesichtspunkten Theologie betrieben, Seelsorge geleistet wird! Dieses möchte ich auch auf unsere Diakonie beziehen, das Diakonische Werk mit in die Diskussion einbeziehen. Pflege in evangelischen Krankenhäusern und Altenheimen kann unter solchen Gesichtspunkten nicht geschehen. Wenn wir fragen, was es bedeutet, evangelisch aus gutem Grund zu sein, müssen wir dies in den Vordergrund stellen! Wir wollen Menschen im Sterben begleiten. Uns liegt daran, im Krankenhaus bei den Menschen zu sein! Das sollten wir vielleicht als Werbestrategie benutzen! Unsere Gemeinden müßten ein Raum werden, der Freiheit von der totalen Kommerzialisierung unserer Zeit, von der totalen Macht des Geldes offensichtlich macht.

Sparzwänge machen uns zu schaffen. Sie können den Spaß an der Arbeit vermiesen, sie können nach Effizienz fragen lassen, und das ist ja nicht immer nur schlecht. Es ist wahrscheinlich wirklich auch der Gehorsam gegenüber unserem Auftrag, der die Frage erzwingt: Wie können wir mit den uns anvertrauten Pfunden am besten wuchern? Können wir tatsächlich auch aus dem Managementbereich lernen?

Ein Beispiel: Die Welt berichtet am 4. September über die Jahrestagung der katholischen Rundfunkarbeit. Ernst Elitz, der Intendant von Deutschlandradio sagte dort, Verkündigungssendungen seien Teil der Grundversorgung im Sinne des Programmauftrages. Sie dienten mit ihren Beiträgen zur Aufklärung, Selbstvergewisserung und Verständigung der Menschen der Orientierung in der Gesellschaft. Dies setze aber voraus, daß sie eindeutig die christliche Botschaft in den Mittelpunkt ihrer Verkündigung stellten und nicht allgemeine Lebensweisheiten vermitteln. Es sei ein Mißverständnis, wenn die Sprecher statt von der Botschaft der Bibel zu reden den Hörer mit ausgewählten Alltagssituationen bekannt machten.

Hier kommt der Begriff der Selbstsäkularisierung der Kirche ins Spiel. Das scheint mir tatsächlich eine spannende Fragestellung. Reden wir nur noch über die Fragen der Welt oder reden wir von dem, was uns zu reden aufgegeben ist? Ich bekenne mich schuldig, ersteres selbst auch oft getan zu haben. Wo müssen wir klarer von unserem Glauben reden, ohne damit die Konsequenzen für die Welt zu verleugnen? Ganz kurz möchte ich Ihnen wieder die Gelegenheit geben, zu unterbrechen. Sehen Sie Tendenzen zur Selbstsäkularisierung in Ihrem Bereich? —

Ein paar Punkte möchte ich nennen, die wir vielleicht aus Mc Kinsey und anderen Anregungen lernen können. Das „Paulusprinzip" werden sie heute noch näher kennenlernen. Spannend, blickt der Autor doch von Paulus auf die Wirtschaft. Von der Wirtschaft her auf die Kirche geblickt will ich folgendes sagen:

• Kirchliche Mitarbeiterinnen und Mitarbeiter müssen zu ihrer Kirche stehen. Da geht es für die geistliche Leitung zentral um die Frage der Motivation, um das „Firmenimage".

• Entscheind ist, daß der „Kunde" von seinem Nutzen überzeugt ist. Wir müssen um die Menschen ringen, werben, sie überzeugen, daß ihre bestehende Mitgliedschaft sinnvoll ist, sie stolz darauf sein können, sie selbstverständlich ihren Beitrag leisten und andererseits andere Möglichkeiten des Zugangs eröffnen.

• Delegation ist ein zentraler Punkt, den das Management uns lehren kann! Wir brauchen mündige Mitarbeiterinnen und Mitarbeiter. Das sind nicht nur die Diakoninnen und Diakone, die Prädikantinnen und Prädikanten, das sind alle Laien, die sich beteiligen. Beim Kirchentag haben wir bei den letzten Wahlen verzweifelt nach den öffentlichen Protestanten gesucht. Das liegt aber auch daran, daß wir zunehmend eine Pastorinnen- und Pastorenkirche werden! Wenn wir das Priestertum aller Glaubenden proklamieren, dann müssen wir auch Macht abgeben, delegieren, anderen Entscheidungen zutrauen, Buntheit zulassen. Aus meiner Kirchentagserfahrung kann ich nur sagen: Partizipation ist der Schlüssel zu einer lebendigen Kirche!

• Es geht darum, die Mitarbeiterinnen und Mitarbeiter zu stärken, ihre Gaben zu entdecken und zu fördern. Im Korintherbrief hat Paulus im 12. Kapitel dazu vieles zu sagen! Die Pastorinnen und Pastoren verlieren dabei nicht ihre leitende Aufgabe! Aber Motivation von Mitarbeiterinnen und Mitarbeitern, coaching, sachgemäß reden über Stärken und Schwächen, können von zentraler Bedeutung sein. Innovationsschübe in der Wirtschaft kommen oft von den Mitarbeitenden. Sie werden motiviert und gelobt. Neben der Kritikfähigkeit müssen wir in der Kirche sicher auch die Lektion des Anerkennens lernen.

• Vielleicht können wir von der Wirtschaft noch etwas lernen: Produkte verkaufen sich nicht ewig, es muß Produktentwicklung geben. Theologisch gesehen könnten wir das nennen: Ecclesia reformata semper reformanda est, d.h. wir müßten hier neu auf Situationen eingehen. Experimentierfreudigkeit habe ich das genannt. Wenn die Menschen heute tiefere Sehnsucht haben nach der Erfahrbarkeit des Glaubens, können wir christliche Traditionen erneuern. Wie steht es mit unserer eigenen Meditation? Können Sie und ich miteinander das Evangelium tanzen?

5. *Was ist heute besonders notwendig?*

Wenn wir über geistliche Leitung in der Kirche sprechen, ist natürlich die Frage nach dem Konsens entscheidend. Ich habe sie bereits genannt. Gibt es einen magnus consensus? Eberhard Jüngel schreibt: „Und wehe der Kirchenleitung, die sich – um des lieben Friedens willen oder gar um der eigenen Bequemlichkeit willen – darum drückt, im Falle des Falles, jene „Lehre, so dem Evangelio entgegen [zu] verwerfen". Natürlich wird man in unserer pluralistischen Gesellschaft über eine Kirchenleitung, die sich um diese ihre Aufgabe *nicht* drückt, mit der ganzen das „finstere Mittelalter" heraufbeschwörenden Metaphorik herfallen. Dergleichen muß nun freilich tapfer ertragen werden. Evangelische Kirchenleitung darf sich jedenfalls nicht von der Aufgabe dispensieren, die kirchliche Verkündigung auf die in ihr vertretene Lehre und die entsprechenden Lehraussagen auf ihre Konsensfähigkeit hin zu prüfen und im Fall des Falles auch die Konsensunfähigkeit solcher Aussagen solemniter festzustellen."[1] Das heißt, Ordnungen sind zwar sekundär, CA 28 stellt sie auch unter den Punkt der Einsicht, wir müssen aber

---

[1] E. Jüngel, Was ist die Aufgabe evangelischer Kirchenleitung?, in: ZThK 91 (1994), S. 188 ff., S. 200.

heute die Frage der Lehre ganz deutlich im Auge behalten und können uns davor nicht drücken. Hierüber können wir nachher ins Gespräch kommen.

In seinem Buch „Die Notwendigkeit der unakzeptablen Kirche", schreibt Matthias Kroeger: „Die Kirche muß wissen, daß sie mitsamt ihren Texten, Traditionen, Symbolen, mit ihren Liedern und Liturgien ein Schatzhaus und eine Speisekammer ist, dass sie aber nur für die wenigsten Menschen eine Küche darstellt, in der die essbare Mischung angerichtet wird ..." (ebd., S. 199)

Wir dürfen uns m.E. keine Illusionen darüber machen, daß es trotz relativ guter Kirchenzugehörigkeit im Hannoverschen eine elementare Erosion des Glaubens gibt. Ganze Generationen wachsen auf, ohne daß sie das Vaterunser kennen, ohne daß sie wissen, was beten heißt, ohne daß sie je näher über die Auferstehung nachgedacht haben.

Geistliche Leitung in der Kirche heißt z.Z., das Elementare unterrichten. Eine Predigtreihe über die Zehn Gebote! Im Konfirmandenunterricht das Glaubensbekenntnis über Wochen hin durchnehmen, bis alle wissen, was sie bekennen. Im Traugottesdienst darlegen, was im christlichen Verständnis Ehe bedeutet. Gottesdienst im Alltag der Welt leben! Und das, wie Kroeger schreibt, in einer eßbaren Mischung, in verständlicher Sprache.

Geistliche Leitung bedeutet, bewußt die Rituale des Christentums einzubringen in unsere verwirrte Welt. Sie können Halt geben bei der Geburt eines Kindes. Die Beichte bei der Erkenntnis eigener Schuld. Die Beerdigung beim Schock eines Todesfalles.

Für mich persönlich ist ein ganz wichtiges Element die Ökumene. Geistliche Leitung bedeutet immer wieder darauf hinweisen, daß wir nicht der Nabel der Welt sind, sondern Teil der geglaubten Una Sancta, die über die Grenzen von Nation und Kultur hinweg existiert.

Geistliche Leitung bedeutet also, den Glauben für unsere Zeit und Welt zu übersetzen.

6. Schluß

Die Frage, was heißt geistliche Leitung, darf nicht zur Selbstbeschäftigung werden. Wenn wir zuviel über das Pfarrerbild nachdenken und das Bild der Pastorin, stehen wir vielleicht irgendwann allein da und wissen, wer wir sind, haben aber keine Gemeinden mehr. Mir liegt daran, daß wir einander in unserer Aufgabe als Pastorinnen und Pastoren stärken. Das kann die Kirchenleitung tun, das kann die Landesbischöfin tun. Das tun Sie als Pastor und Pastorin vor Ort jeden Tag, und dafür spreche ich Ihnen meine Anerkennung aus. Es gibt unterschiedliche Prägungen und theologische Überzeugungen und persönliche Charaktereigenschaften. Geistliche Leitung in der Kirche darf aber nicht in individuelle Beliebigkeit verfallen. Darum ist vielleicht zuallererst ein Gemeinschaftsgefühl notwendig: Wir gemeinsam leiten die Kirche, jeder und jede von uns am je eigenen Ort. Gewiß, ein Kennzeichen der evangelischen Kirche ist ihre Vielfalt: der einzelne Christ, die einzelne Christin soll ihre Grundüberzeugung finden in Verantwortung vor Gott, dem Evangelium, der Gemeinde. In einer Gesellschaft, die aber nicht mehr weiß, was Christentum ist, die sich verloren und vereinzelt am Beginn des 3. Jahrtausends verflüchtigt, haben wir eine gemeinsame Aufgabe. Als neue Landesbischöfin wünsche ich mir, daß wir diese auch gemeinsam wahrnehmen! Was ich dazu tun kann, will ich tun! Für den Rest werde ich beten.

Ökumene am Übergang in das neue Jahrtausend

Vortrag beim Sprengelbesuch

Lüneburg, 20.9.99

Zunächst einmal freue ich mich, heute abend hier zu sein. Es ist schön, meinen ersten Sprengelbesuch in Lüneburg mit einem Vortrag zu einem ökumenischen Thema verbinden zu können. Das 25jährige Bestehen des Ökumenischen Gemeindezentrums St. Stephanus ist dazu ein erfreulicher und festlicher Anlaß. Seit ich 1983 in Vancouver in den Zentralausschuß des Ökumenischen Rates der Kirchen gewählt wurde, hat mich das Thema Ökumene bewegt.

Im Ökumenischen Rat der Kirchen habe ich gelernt, daß das Erzählen von Geschichten durchaus eine Form des Theologietreibens sein kann. Daher will ich auch heute abend aus Anlaß des Festvortrages zum 25 jährigen Jubiläum des Ökumenischen Gemeindezentrums St. Stephanus jeden der sechs Abschnitte mit einer kleinen Geschichte beginnen.

1. Was heißt eigentlich Ökumene?

1984 war ich für den Rat der Ökumenischen Kirchen zu einem Besuch der Methodistischen Kirchen in Bolivien. Die großen Unterschiede in unseren Kirchen wurden mir damals anläßlich eines Gottesdienstes klar. Bei einem Gottesdienst in den Slums von La Paz kamen Menschen zusammen, die drei und mehr Stunden gelaufen waren, um daran teilzunehmen. Sie haben auf ihn gewartet, weil er ihnen Kraft geben sollte für die ganze Woche. Hunderte von Menschen waren zusammen, der Jugendchor sang, der Katechet erzählte von den Ereignissen der letzten Woche, Frauen berichteten über die Kartoffelernte und der Bischof predigte, ja das auch. Es wurde gesungen und getanzt, der Gottesdienst zog sich über mehr als drei Stunden hin, ohne daß es irgend jemandem langweilig geworden wäre. Anschließend wurde ein einfaches Mahl aus Kartoffeln und einer scharfen Soße geteilt. Ein Gottesdienst ganz anders als bei uns, eine der vielen verschiedenen Formen christlicher Gemeinde, die es in aller Welt gibt.

Wilhelm Visser't Hooft, der erste Generalsekretär des Ökumenischen Rates der Kirchen, hat sieben Bedeutungswandlungen des Begriffes Ökumene aufgezeigt. Sie stehen in den meisten Perioden der Geschichte zum Teil nebeneinander. Ich möchte sie kurz aufzählen:

- die ganze bewohnte Erde;
- zum Römischen Reich gehörig oder es vertretend;
- zur Kirche als ganzer gehörend oder sie vertretend;
- allgemeine kirchliche Gültigkeit besitzend;
- die weltweite missionarische Aufgabe der Kirche betreffend;
- die Beziehungen zwischen mehreren Kirchen oder zwischen Christen unterschiedlicher Konfession betreffend;
- das Wissen um die Zugehörigkeit zur weltweiten christlichen Gemeinschaft der Kirchen und die Bereitschaft der Christen, für die Einheit der Kirche zu arbeiten.

Biblisch gesehen finden wir den Begriff Oikumene in den Psalmen, wie sie die Septuaginta aufgreift, etwa Psalm 24, 1: „Die Erde ist des Herrn und was darinnen ist, der Erdboden und was darauf wohnt." Im Neuen Testament kann Oikumene im geographischen Sinne die gesamte bewohnte Erde meinen, z.B. Lukas 4, 5: „Und der Teufel führte ihn auf einen hohen Berg und zeigte ihm alle Reiche der ganzen Welt in einem Augenblick." Es kann aber auch um die Menschen gehen, die auf der Erde wohnen, wie in Apostelgeschichte 17, 31: „daß er einen Tag gesetzt hat, an welchem er richten will den Kreis des Erdbodens mit Gerechtigkeit ..." Oder es meint im politischen Sinne das Römische Reich und seine Bewohner wie in Lukas 2, 1: „Es begab sich aber zu der Zeit, daß ein Gebot von dem Kaiser Augustus ausging, daß alle Welt geschätzet würde."

Ökumene bezeichnet also die weltweite Dimension von Kirche. Der Begriff meint heute die Überzeugung von der grundlegenden Einheit der Kirche und ihren gemeinsamen Aufgaben in der Welt (Nathan Söderblom). „Ökumenisch kennzeichnet alles, was sich auf die ganze Aufgabe der ganzen Kirche in der Verkündigung des Evangeliums für die ganze Welt bezieht", so heißt es Anfang der 50er Jahre in der Weltmissionsbewegung.

Als biblische Grundlage wird Johannes 17, Vers 21 zitiert, wo Jesus in den Abschiedsreden sagt: „Auf daß sie alle eins seien, gleich wie du, Vater, in mir und ich in dir; daß auch sie in uns eins seien, auf daß die Welt glaube, du habest mich gesandt."

In der ökumenischen Bewegung geht es also zentral um die Einheit der Kirche. Dabei handelt es sich um die geglaubte und im Glaubensbekenntnis bekannte Kirche. Die eine heilige apostolische und katholische (nicht römisch-katholische!) Kirche. Diese geglaubte

Kirche wird in den erfahrbaren, real existierenden Kirchen immer nur im Ansatz erfahren. Das Ziel wird definiert als „konziliare Gemeinschaft" (Uppsala 1968), als „versöhnte Verschiedenheit" (Lutherischer Weltbund, Dar-Es-Alam 1977) oder als „die Einheit der Kirche als Koinonia" (Canberra 1991).

Außerdem hat die Ökumene stets die Frage nach der Einheit der Menschheit vor Augen. Wer in anderen Kontinenten lebt, ist nicht der ferne Fremde, sondern Schwester oder Bruder, von Gott geschaffen und deshalb ist seine und ihre Situation für uns nicht gleichgültig. Ökumene spricht vom weltweiten Horizont des Glaubens.

2. Rückblick auf das Jahrhundert der Ökumene

Im Dezember 1992 habe ich die Bewegung der Frauen in schwarz kennengelernt. In ohnmächtiger Anklage gegen die Massenvergewaltigungen im Krieg trugen serbische, bosnische und kroatische Frauen donnerstags schwarze Kleidung, demonstrierten zum Teil schweigend in schwarz auf öffentlichen Plätzen als stummen Protest. Beim Ökumenischen Rat der Kirchen haben wir nach einem Besuch in Kroatien davon erzählt, Einige Frauengruppen, auch in Deutschland haben dies aufgegriffen.

Im Mai 1993 war ich dann in Indien. An einem Donnerstag fragte eine Frau, ob ich mitkäme zum „Thursday in Black". Und da standen sie dann, sechzig Frauen in schwarz auf einer belebten Straßenkreuzung in Bangalore. Die Empörung über die massenhafte Vergewaltigung während des Sturms auf eine Moschee und dem anschließenden Ausnahmezustand, der Zorn über die fortbestehende Versklavung und Ermordung von Frauen, sie nahmen sich eine

Idee aus einer anderen Situation in einem ganz anderen Land zu Hilfe. In der Stunde, die ich dort schweigend mit den Frauen stand, ist in mir großer Respekt vor ihrem Mut gewachsen – denn eine solche Demonstration ist in Indien noch schwieriger als in Europa.

Blicken wir zurück auf die Kirchengeschichte der vergangenen 2000 Jahre, so hat einerseits die Mission das Evangelium in alle Welt gebracht. Der Missionsbefehl des Evangelisten Matthäus im 28. Kapitel wurde in die Tat umgesetzt: „Gehet hin in alle Welt und machet zu Jüngern alle Völker!" Die Missionsgeschiche ist insofern eine Erfolgsgeschichte, als es wahrhaftig heute Christinnen und Christen in allen Ländern der Erde gibt.

Aber sie war auch eine Geschichte, in der Christinnen und Christen große Schuld auf sich geladen haben:

• Kolonialismus und Christianisierung gingen oft Hand in Hand.
• Vorhandenen Kulturen wurden radikal vernichtet.
• Die frohe Botschaft wurde als Unterdrückung erfahren.

Mit Blick auf diese Geschichte ist auch die Erkenntnis der Schuld gewachsen, Bekennen von Schuld möglich geworden. Bei der Weltmissionskonferenz in Salvador de Bahia 1996 kamen die Delegierten am Hafen zusammen. Dort waren die Schiffe mit den Sklaven aus Afrika gelandet, der Ort, an dem die überlebenden Afrikanerinnen und Afrikaner zwangsgetauft und in die Sklaverei geschickt wurden. Menschen aus Europa und Nordamerika bekannten die Schuld ihrer Vorfahren. Aber auch die afrikanischen Delegationen bekannten Schuld, zu diesem Massenmord und diesem Unrecht beigetragen zu haben.

Die Botschaft von der Befreiung des Menschen, der Zuwendung Gottes, sie hat sich auch in den dunklen Seiten der Kirchengeschichte immer wieder Raum verschafft.

Schließlich war die Kirchengeschichte stets eine Geschichte der Spaltungen. Schon die ersten Konzilien haben Abspaltungen hervorgebracht. Die tiefgreifendste Spaltung der Kirche vollzog sich im Jahre 1054, als Ostkirche und Westkirche sich voneinander trennten. Die Orthodoxie als eine der drei großen Konfessionsfamilien hat lange Jahrhunderte nahezu keinen Kontakt zu westlichen Kirchen gehabt. Dies wirkt sich aus bis heute. Hier liegt eine der großen Herausforderungen für die ökumenische Bewegung.

Im 16. Jahrhundert spaltete sich die Westkirche im Zuge der Reformation. Die aus der Reformation hervorgegangenen Kirchen wiederum haben Differenzierungen hervorgebracht in Reformierte und Lutheraner, Methodisten, Baptisten, die historischen Friedenskirchen und andere mehr. Ende des letzten Jahrhunderts spaltete sich die altkatholische Kirche von der römisch-katholischen Kirche ab.

Das 20. Jahrhundert ist insofern ein enormer Fortschritt. Mit der Weltmissionskonferenz 1910 in Edinburgh wuchs das Bewußtsein der Zusammengehörigkeit der Kirchen über Grenzen hinweg. In der Folgezeit wurde die Bewegung für „Glauben und Kirchenverfassung", die die Einheit der Kirche auf dem Weg der Übereinstimmung in der Lehre sucht, und die „Bewegung für Praktisches Christentum", die über das gemeinsame Handeln den Weg zur Einheit der Kirche sieht („Lehre trennt, Dienst verbindet"), gegründet. Beide Bewegungen haben mit großen Konferenzen in den 20er und 30er Jahren erheblichen Einfluß auf die Kirchen ausgeübt.

Dietrich Bonhoeffer hat Ende der 30er Jahre den Gedanken eines Konzils aller christlichen Kirchen in die Waagschale geworfen. Ihm war die Ökumene für die Bekennende Kirche elementarer Bezugspunkt. Er hat die Hoffnung auf ein ökumenisches Konzil nicht aufgegeben. Im August 1935 schreibt er: „Ob sich die Hoffnung auf das ökumenische Konzil der evangelischen Christenheit erfüllen wird, ob ein solches Konzil nicht nur in Vollmacht die Wahrheit und die Einheit der Kirche Christi bezeugen wird, sondern ob es Zeugnis wird ablegen können gegen die Feinde des Christentums in aller Welt, ob es ein richtendes Wort sprechen wird über Krieg, Rassenhaß und soziale Ausbeutung, ob durch solche wahre ökumenische Einheit aller evangelischen Christen in allen Völkern einmal der Krieg selbst unmöglich wird, ob das Zeugnis eines solchen Konzils Ohren finden wird, die hören, – das steht bei unserem Gehorsam gegen die uns gestellte Frage und dabei, wie Gott unseren Gehorsam gebrauchen will. Nicht ein Ideal ist aufgerichtet, sondern ein Gebot und eine Verheißung – nicht eigenmächtiges Verwirklichen eigener Ziele ist gefordert, sondern Gehorsam."[1]

Dieser Konzilsgedanke hat die ökumenische Bewegung immer wieder beeinflußt bis hin zum Gedanken der 80er Jahre, ein „Konzil des Friedens" einzuberufen. Zunächst aber entstand aus der genannten Bewegung in Amsterdam 1948 der Ökumenische Rat der Kirchen, dem in Neu-Delhi 1961 alle orthodoxen Kir-

---

[1] D. Bonhoeffer, Gesammelte Schriften, Band 1, München 1978, S. 261

chen beitraten. Hier sind 332 Kirchen evangelischer und orthodoxer Herkunft versammelt. Auch das Zweite Vatikanische Konzil hat seitens der römisch-katholischen Kirche mit dem Ökumenismusdekret Hoffnungen geweckt.

Wir können somit sagen, daß das 20. Jahrhundert einen enormen ökumenischen Fortschritt darstellt. Jede Kirche, die vor Ort existiert, müßte inzwischen um die ökumenische Dimension wissen. Bei allen Fehlbarkeiten hat das Bewußtsein, daß die Gemeinschaft der Christinnen und Christen in dieser Welt die Grenzen der eigenen Kirche, Konfession, Kultur überschreitet, sich durchgesetzt. Der Dienst der Kirche bezieht sich zudem auf den gesamten bewohnten Erdkreis. Um die Bilanz der bisherigen ökumenischen Bewegung zusammenzufassen, schließe ich mich Reinhard Frieling[2] an, der dies wie folgt formuliert: „Ökumene hilft,

- gemeinsam glauben zu lernen,
- gemeinsam den Glauben zu lehren,
- gemeinsam den Glauben zu leben."

3. Zwei Höhepunkte am Ende des 20. Jahrhunderts

In Australien habe ich 1991 an einer Taufe bei den australischen Ureinwohnern, den Aborigenes, teilgenommen. Durch den Rauch von Eukalyptusblättern hindurch mußten wir in den Gottesdienstraum gehen. Bei der Taufe wurden u.a. die Ahnen des Kindes in Form von Geisteranrufungen angesprochen. Beides war mir ungeheuer fremd und hat mir durchaus theologische Probleme bereitet! Auf meine Rückfrage wurde ich einerseits gefragt, warum der Weihrauch in der römisch-katholischen oder der

---

[2] R. Frieling, Der Weg des ökumenischen Gedankens, Göttingen 1992, S. 352

orthodoxen Kirche mir weniger fremd sei als der Eukalyptusrauch hier. Zudem sei die Präsenz von Gottes Geist Teil der traditionellen Religion der Aborigenes. „Glauben Sie tatsächlich, Gottes Geist hat gewartet, bis Captain Cook australischen Boden betrat, bevor dieser Geist bei uns anwesend war?" Mir scheint es wichtig, daß wir uns mit theologischen Ansätzen der Kirchen des Südens auseinandersetzen. Dies gilt insbesondere für den Ahnenkult, der in vielen afrikanischen Kirchen ebenfalls verbreitet ist.

Ein Höhepunkt der theologischen Diskussion um ein gemeinsames Verständnis von Taufe, Eucharistie und Amt war die Verabschiedung der sog. „Lima-Dokumente" im Jahr 1982. Seit Jahrzehnten war in der Kommission für Glauben und Kirchenverfassung um diese Themen gerungen worden, war doch klar, daß Einheit der Kirche auch in der Lehre erkennbar werden muß. Was die Kirchen der Reformation in Europa mit der Leuenberger Konkordie 1973 erreicht hatten, nämlich die gegenseitige Anerkennung der Taufe, die gegenseitige Anerkennung der Ämter und damit auch die Möglichkeit des Kanzeltausches sowie die gegenseitige Einladung zum Abendmahl, das ist und bleibt das große Ziel der Ökumene weltweit. Das Lima-Dokument von 1982 ist insofern von großer Bedeutung, als es erstmals die Gemeinsamkeiten und Unterschiede des evangelischen, römisch-katholischen und orthodoxen Verständnisses zusammenbindet. Ein Konsens ist hier noch nicht erreicht, deshalb wird von Konvergenz gesprochen. Es wird versucht, das Gemeinsame zu formulieren und das noch Trennende aufzuzeigen. So heißt es beispielsweise bei der Taufe: „Die Taufe ist eine unwiederholbare Handlung. Jegliche Praxis, die als ‚Wiedertaufe' ausgelegt werden könnte, muß vermieden werden."[3] Dieses ist von großer Bedeutung einmal im Streit zwischen Kindertaufe und Erwachsenentaufe. Zum anderen könnte die gegenseitige Anerkennung der Taufe ein zentraler Schritt zum ökumenischen Verständnis der Kirche sein. Wenn wir in die eine heilige Kirche taufen, verstehen sich die Getauften als Teile der einen Kirche Jesu Christi in der ganzen Welt.

Die Diskussion um das Abendmahl bzw. die Eucharistie führt die unterschiedlichen Verständnisse aufeinander zu. Sie bemüht sich um Formulierungen, die die unterschiedlichen Erklärungsversuche der Konfessionen für das Geheimnis der Gegenwart Christi in der Eucharistie zu verstehen. Formuliert werden kann: „Das Teilhaben am einen Brot und gemeinsamen Kelch an einem bestimmten Ort macht deutlich und bewirkt das Einssein der hier Teilhabenden mit Christus und mit den anderen mit ihnen Teilhabenden zu allen Zeiten und zu allen Orten."[4]

Schließlich zum Amt. Auch hier kann gemeinsam formuliert werden: „Um ihre Sendung zu erfüllen, braucht die Kirche Personen, die öffentlich und ständig dafür verantwortlich sind, auf ihre fundamentale Abhängigkeit von Jesus Christus hinzuweisen, und die dadurch innerhalb der vielfältigen Gaben einen Bezugspunkt ihrer Einheit darstellen."[5]

Die Lima-Dokumente galten als großer Durchbruch. Es war möglich, bei der Vollversammlung des Ökumenischen Rates 1983 in Anwesenheit aller Konfessionen eine Lima-Liturgie zu feiern. Große Hoffnungen entstanden, hier wäre nun die gegenseitige Anerkennung von Taufe und Amt und damit die gegenseitige Einladung

---

[3] Taufe, Eucharistie und Amt, Frankfurt 1982[2], S. 14
[4] Ebd., S. 23
[5] Ebd., S. 31

zum Abendmahl greifbar. Aber schon die Diskussion in den Kirchen, die viele Bände der Rezeption füllt, zeigte, wie labil die gewonnene Konvergenz war. Für die Evangelischen beispielsweise war die völlige Konzentration auf das dreigliedrige ordinierte Amt problematisch. Wie steht es da mit dem Priestertum aller Gläubigen? Die römisch-katholische Seite sah ihr Verständnis des Papstes nicht eingebunden. Orthodoxe kritisierten, daß die Bedeutung des Amtes für die Existenz der Kirche nicht deutlich herausgestellt war. Von Frauen wurde kritisiert, daß bei der Frage nach der Zulassung von Frauen zum ordinierten Amt der Text nicht auf die anstehenden exegetischen und pastoralen Fragen eingeht, sondern lediglich erklärt, diese Frage werfe Hindernisse auf.

Leider ist die Diskussion über die Lima-Dokumente nicht hinausgegangen, ja, die Lima-Dokumente scheinen vielerorts eher in den Hintergrund gedrängt zu werden. Dennoch stellen sie einen Fortschritt dar. Wie William Lazareth schreibt: „Diejenigen, die wissen, wie weit die Kirchen sich in Lehre und Praxis der Taufe, der Eucharistie und des Amtes voneinander unterschieden haben, werden die Bedeutung der hier festgehaltenen weitgehenden Übereinstimmung zu schätzen wissen. Fast alle konfessionellen Traditionen sind in der Kommission vertreten. Daß Theologen aus so unterschiedlichen Traditionen in der Lage sind, so einmütig über Taufe, Eucharistie und Amt zu sprechen, ist in der modernen ökumenischen Bewegung ohne Beispiel."[6]

Auch im sozialethischen Bereich wurde gegen Ende unseres Jahrhunderts versucht, den erreichten Stand

---

[6] William Lazareth, 1987 – Lima und danach, in: Ökumenische Perspektiven von Taufe, Eucharistie und Amt, Hg. v. Max Thurian, S. 203

gemeinsam zu formulieren. Mit der Vollversammlung des ÖRK in Vancouver entstand der konziliare Prozeß für Gerechtigkeit, Frieden und die Bewahrung der Schöpfung, der auch bei uns viele Initiativen in Gang gesetzt hat. Auf der Weltkonferenz für Gerechtigkeit, Frieden und Bewahrung der Schöpfung in Seoul 1990 konnten zehn Grundüberzeugungen formuliert werden, die Kirchen in aller Welt teilen. Diese Grundüberzeugungen lauten wie folgt:

- Wir bekräftigen, daß alle Ausübung von Macht vor Gott verantwortet werden muß.
- Wir bekräftigen, daß Gott auf der Seite der Armen steht.
- Wir bekräftigen, daß alle Rassen und Völker gleichwertig sind.
- Wir bekräftigen, daß Mann und Frau nach dem Bilde Gottes geschaffen sind.
- Wir bekräftigen, daß Wahrheit zur Grundlage einer Gemeinschaft freier Menschen gehört.
- Wir bekräftigen den Frieden Jesu Christi.
- Wir bekräftigen, daß Gott die Schöpfung liebt.
- Wir bekräftigen, daß die Erde Gott gehört.
- Wir bekräftigen die Würde und das Engagement der jüngeren Generation.
- Wir bekräftigen, daß die Menschenrechte von Gott gegeben sind.[7]

Diese Grundüberzeugungen wurden jeweils erläutert und auf eine verpflichtende Konsequenz hin ausgelegt. So heißt es zur Grundüberzeugung „Wir bekräftigen den Frieden Jesu Christi": „Wir werden alle Möglichkeiten ausschöpfen, um Gerechtigkeit und Frieden zu schaffen und Konflikte durch aktive Gewaltfreiheit zu lösen. ...Wir verpflichten uns, unsere persönlichen

---

[7] Die Zeit ist da, Genf 1990, S. 16 ff.

Beziehungen gewaltfrei zu gestalten. Wir werden darauf hinarbeiten, auf den Krieg als legales Mittel zur Lösung von Konflikten zu verzichten" (Ebd., S. 22).

Seoul hatte vieles erreicht. Aber auch hier konnte der erreichte Stand nicht fortgeführt werden. Schon der Golfkrieg 1991 z.B. brachte die Aufforderung zu aktiver Gewaltfreiheit ins Wanken. Der Krieg in Bosnien 1992 und erst recht der anschließende Krieg im Kosovo stellten die Frage, ob die Lehre vom gerechten Krieg nicht doch Anwendung finden müßte. Die Frage tauchte auf, ob Krieg für die Durchsetzung von Menschenrechten nicht doch theologisch zu legitimieren sei.

Die Erkenntnis, daß über den Stand von Lima und Seoul keine Weiterentwicklung, sondern eher eine Rückentwicklung stattgefunden hat, hat u.a. zu einer Krise der ökumenischen Bewegung geführt. Viele haben den Eindruck, es lohne den Einsatz nicht, wir würden doch nicht weiterkommen. Meines Erachtens muß aber der erreichte Stand im Blick auf das Ganze der Kirchengeschichte gesehen werden. Da ändert sich das Bild, und wir können einen enormen Fortschritt feststellen. Wir befinden uns auf einem ökumenischen Weg und sollten alle Kraft daransetzen, diesen Weg konsequent fortzuführen. Rückschläge gibt es, gewiß, aber keinen Grund zu Resignation. Dabei sollten wir nicht vergessen, was schon einmal erreicht war, die ökumenische Bewegung befindet sich nicht in der Stunde Null.

4. Rechtfertigungslehre

1994 fand ein Katholikentag in Dresden, 1997 ein Deutscher Evangelischer Kirchentag in Leipzig statt. Bei der Vorbereitung und Durchführung eines Kirchentages oder eines Katholikentages in einer

Stadt, in der weniger als 12% der Einwohnerinnen und Einwohner einer Kirche angehören, wird die Sprache des Christenmenschen geschult. „Na, worum geht es eigentlich bei Ihnen da in der Kirche", fragte einmal ein Mitglied der Stadtverwaltung. Alte festeingefahrene Begriffe wie Gnade, Auferstehung, Sünde, Rechtfertigung sind in diesem Zusammenhang wenig hilfreich. Ist es bereits eine Herausforderung, von Evangelium und Kirche zu sprechen, so umso mehr, die unterschiedlichen Konfessionen zu erläutern! Katholikentag und Kirchentag haben in diesem Rahmen festgestellt, daß uns wesentlich mehr verbindet als uns trennt. So kam die Idee eines gemeinsamen, ökumenischen Kirchentages 2003 in Berlin zustande.

In der deutschen Öffentlichkeit hat Ökumene im vergangenen Jahr eine große Rolle gespielt in der Auseinandersetzung um die Gemeinsame Erklärung zur Rechtfertigungslehre. Am 31. Oktober 1999 wird in Augsburg die Gemeinsame Offizielle Feststellung hierzu unterzeichnet werden. Ich freue mich, zu Beginn meiner Amtszeit bei diesem wichtigen ökumenischen Schritt dabei sein zu können. Der Durchbruch, der die offizielle Bestätigung möglich machte, fiel ja noch in die Amtszeit von Landesbischof D. Hirschler. Als Leitender Bischof der VELKD hat er einen großen Anteil am Zustandekommen der Gemeinsamen Erklärung. Dieser Schritt am Ende des ökumenischen Jahrhunderts hat große Brisanz, hat doch an der Frage der Rechtfertigung im 16. Jahrhundert die Reformation ihren Ursprung. Die Überzeugung, daß der Mensch allein durch Gottes Gnade, allein durch den Glauben um Christi willen angenommen wird, das ist der Kern unseres evangelischen Glaubens. Nach einem berühmten

Wort von Martin Luther ist es der „Artikel, mit dem die Kirche steht und fällt". Nach nahezu dreißig Jahren der Diskussion können der Lutherische Weltbund als Dachorganisation von 122 lutherischen Kirchen auf der Welt und der Vatikan für die römisch-katholische Kirche in aller Welt gemeinsam erklären: „Die in dieser Erklärung vorgelegte Lehre der lutherischen Kirchen wird nicht von den Verurteilungen des Trienter Konzils getragen. Die Verwerfungen der lutherischen Bekenntnisschriften treffen nicht die in dieser Erklärung vorgelegte Lehre der römisch-katholischen Kirche." (GE 41)

Ich halte es für ein außerordentlich ermutigendes Zeichen, wenn an dem Punkt, an dem evangelische und römisch-katholische Kirche sich einst getrennt haben, nun Übereinstimmungen zum Ausdruck gebracht werden. Da heißt es beispielsweise: „Allein aus Gnade im Glauben an die Heilstat Christi, nicht aufgrund unseres Verdienstes werden wir von Gott angenommen und empfangen den Heiligen Geist, der unsere Herzen erneuert und uns befähigt und aufruft zu guten Werken." (GE 15)

Nun gab es um diese Erklärung heftige, auch öffentliche Diskussionen. Noch bis zuletzt sprechen sich 243 Theologieprofessorinnen und -professoren gegen die Erklärung aus, da sie nicht in allen Punkten der lutherischen Lehre entspräche. In der Erklärung wird aber auch deutlich, daß katholische Kirche und lutherische Kirche ja bei ihrem Bekenntnis, bei ihrem theologischen Grundverständnis bleiben. Es handelt sich nicht um einen Vertragsentwurf für eine einheitliche Kirche.

Deutlich ist aber, daß beide Kirchen sich zu dem Ziel einer Kirchengemeinschaft bekennen, in der die Unterschiede keine trennende Kraft mehr haben. Das ist außerordentlich wichtig, bis in die Praxis vor Ort.

Nach der Unterzeichnung in Augsburg wird die Weiterarbeit unverzichtbar sein. Auf dem Erreichten können wir uns nicht ausruhen, sondern müssen vor allem im Amtsverständnis und im Abendmahlsverständnis um Annäherung ringen, damit eine Gemeinschaft am Tisch des Herrn möglich wird.

Wichtig ist mir in diesem Zusammenhang auch, die Rechtfertigungsbotschaft für die Menschen unserer Zeit verständlich zu formulieren. Sie hat ja außerordentliche Brisanz gerade in einer Gesellschaft, die davon überzeugt zu sein scheint, daß der Mensch das ist, was er leistet. Gefragt sind in unserer Gesellschaft die Jungen, die Schönen, die Erfolgreichen. Aber das ist ja nur ein kleiner Teil der Gesellschaft! Was ist mit denen, die durch Krankheit oder Alter gezeichnet sind? Was ist mit denen, die in der Leistungsgesellschaft nicht mithalten können? Wie sieht es mit der Leistung aus, die darin besteht, Behinderte zu pflegen, Kinder großzuziehen? Die Rechtfertigungsbotschaft sagt uns: Wir sind in Christus von Gott geliebt, unabhängig von unserer Leistung. Der Mensch ist mehr als die Summe seiner Taten und Leistungen. Der Glaube an Christus schenkt Freiheit vom Zwang zur Selbstrechtfertigung und zur Selbstherstellung unseres Lebens.

Die Gemeinsame Erklärung sehe ich also als einen ersten Schritt, dem weitere, vor allem praktisch bemerkbare Schritte folgen müssen. Wenn wir uns gegenseitig zuerkennen, daß in der anderen Kirche das Heil in Christus gültig weitergegeben wird, dann müssen wir uns auch in praktischen Fragen begegnen, das gilt wie gesagt besonders in der Frage des Abendmahls, aber auch in der Frage von ökumenischem Gottesdienst.

5. Im Übergang zum nächsten Jahrtausend müssen wir unsere ökumenischen Aktivitäten intensivieren.

Ruanda gilt als das am meisten christianisierte Land in Afrika. Bei einer Anhörung im Rahmen des Ökumenischen Rates der Kirchen wurde deutlich, daß dieses aber nicht davor geschützt hat, daß auch Christinnen und Christen, ja selbst Pastorinnen und Pastoren am Völkermord beteiligt waren. Wieder war eine Kirche, waren Christinnen und Christen der Versuchung erlegen, sich für ideologische oder ethnische Ziele mißbrauchen zu lassen. Dies erleben wir immer wieder. Und nicht nur in Afrika! Denken wir an Nordirland, an die Auseinandersetzungen im Sudan, an den Krieg in Bosnien. Religion und sogar Konfession wird als Identifikationsmuster einer Kriegs- oder Bürgerkriegspartei mißbraucht. Wir werden uns fragen müssen auf dem Weg ins nächste Jahrtausend, wie wir die Friedensbotschaft des Evangeliums in eine kirchliche Realität umsetzen, die resistent macht gegen den Mißbrauch.

In seiner Eingabe an einen westdeutschen Kirchenführer schreibt Ernst Lange Anfang der 70er Jahre: „Die westdeutsche Christenheit ist etwas, sofern sie die westdeutsche Provinz der Weltchristenheit ist, und sonst gar nichts."[7] Er hat damit m.E. einen Kern getroffen, den wir uns immer wieder deutlich machen müssen. Wir sind in unserer Existenz nicht das Ganze. Das gilt zum einen auf dem Gebiet der Lehre. Wir müssen uns immer wieder hinterfragen lassen, wer wir sind. Daher finde ich gerade im ökumenischen Horizont die Aktion „Evangelisch aus gutem Grund" ungeheuer wichtig. Nur, wenn wir wissen, wer wir sind und was wir

---

[7] Ernst Lange, Kirche für die Welt, München 1981, S. 309

glauben, können wir uns in das ökumenische Gespräch begeben. Wie ist unser Verständnis der Taufe? Was bedeutet uns unser Abendmahlsverständnis? Wie sieht ein evangelisches Amt aus? Nehmen wir das Priestertum aller Gläubigen ernst oder sind wir auch auf das ordinierte Amt fixiert? Ökumene verlangt auch einen eigenen theologischen Klärungsprozeß. Und gerade deshalb können wir uns Ökumene nicht einfach nur leisten, sondern Ökumene ist unabdingbar.

Zum anderen geht es darum, daß wir nicht in einen Provinzialismus verfallen, gerade angesichts der anstehenden Sparmaßnahmen. Natürlich haben wir weniger Geld, das schmerzt an vielen Punkten. Allein die nichtangestellten Theologinnen und Theologen, die Lebensschicksale, die davon abhängen, schmerzen – das habe ich selbst bereits in den ersten Tagen meiner Amtszeit zu spüren bekommen. Aber: Die Kirchen in Afrika, Asien, Lateinamerika, Osteuropa, die stehen doch vor ganz anderen finanziellen Herausforderungen. So ist es m.E. unvorstellbar, daß wir aufgrund unserer finanziellen Situation die finanzielle ökumenische Solidarität leiden lassen. Ökumenisches Teilen steht weiterhin auf der Tagesordnung.

Meine Hoffnung bleibt, daß die ökumenische Bewegung eine Friedensbewegung ist. Die Kirchen dürfen sich nicht länger dazu mißbrauchen lassen, daß die konfessionellen Unterschiede benutzt werden, um Konflikte zu stabilisieren. Das ist in Nordirland der Fall, in Ruanda und Burundi, das hat eine Rolle gespielt in Südafrika zwischen Schwarzen und Weißen. Wenn wir den Christinnen und Christen klarmachen könnten, daß die anderen auch meine Brüder und Schwestern sind und daß in allen Ländern und Kulturen dieser Erde Christinnen und Christen leben, dann sind die Fremden doch nicht die Bedrohung, sondern sie sind Schwestern und Brüder. Das ändert die Situation fundamental. Christinnen und Christen haben etwas beizutragen. Zur Zeit setze ich meine Hoffnungen sehr auf die ökumenische Dekade „Gewalt überwinden", die der ÖRK für die Jahre 2001 bis 2010 ausgerufen hat.

Was sagen wir zur Globalisierung? Ist die Kirche nicht geradezu der Prototyp von Globalisierung? Dann aber müßten wir fragen, ob tatsächlich Shareholder Value das Prinzip darstellt oder Solidarität. Regieren die Gesetze des Marktes oder die Gesetze der vorrangigen Option für die Armen? Geht es darum, sich billige Arbeitskräfte in Taiwan oder möglichst billigen Kartoffelanbau in Bolivien zu beschaffen oder darum, Rechte und Menschenwürde in diesen Ländern gleichermaßen durchzusetzen? Kann es sein, daß bei uns der Kaffee noch so viel kostet wie vor 10 Jahre, die Kaffeebauern aber nur einen Bruchteil verdienen? Wie steht es da mit der Gerechtigkeit? Können wir Öl aus Nigeria beziehen, ohne nach den Menschenrechten zu fragen? Haben wir Ken Saro Wiwa und die Ogoni zu den Akten unseres schlechten Gewissens gelegt?

Mir geht es darum, daß wir das ökumenische Lernen intensivieren. Das gilt auf der lokalen wie auf der internationalen Ebene. Das gilt für das Zusammenleben der Konfessionen wie für die Nächstenliebe über Grenzen. Wenn wir Glieder einer Kirche sind, dann müssen Starke und Schwache Solidarität zeigen. Lokal handeln und global denken – das ist einer der Grundsätze für ökumenisches Lernen, die wir auch im nächsten Jahrtausend zu beherzigen haben.

Übrigens: Lernen können wir auch in unserem eigenen Land! Wir dürfen uns nichts vormachen: Der Erosionsprozeß in Glaubensfragen hat enorme Dimensionen angenommen. Auch wenn wir mancherorts noch in einer etwas heileren Welt leben als in Ostdeutschland, ist die Substanz an Glaubensüberzeugung, die Kenntnis von Ritualen, das Lesen der Bibel an einem Minimalpunkt angelangt. Hier können wir gemeinsam als Christinnen und Christen in diesem Land handeln. Wir müssen öffentlich vom Glauben reden. Dazu müssen wir in den Gemeinden den Glauben lehren. Und wir müssen im Staat die christlichen Werte hörbar werden lassen. In diesen Tagen gilt das m.E. besonders für den Sonntagsschutz. Wie sieht das in anderen Ländern aus? Wie leben sie als Kirchen mit wenig Geld und doch viel Einfluß? Woher stammt die Kraft der Spiritualität vieler Kirchen im Süden?

Zum Schluß möchte ich noch einmal Reinhard Frieling zitieren. Sein Fazit der ökumenischen Bewegung des 20. Jahrhunderts lautet: „Die Hoffnungen auf kirchliche Einheit im institutionellen Sinn werden sich in absehbarer Zeit nicht erfüllen. Aber die Erfahrungen geistlicher Einheit zwischen allen Christen tragen die Ökumene, und die Möglichkeiten gemeinsamen Handelns sind noch längst nicht ausgeschöpft. In diesem Sinne geht der ökumenische Gedanke nüchtern und durchaus realistisch hoffnungsvoll auf die Jahrtausendwende zu." (ebd., S. 359).

Diese Einschätzung teile ich. Das Hoffnungsvolle will ich nicht dem Resignativen unterordnen. Ich bin überzeugt, wir werden im nächsten Jahrhundert weiter aufeinander zu wachsen. Der ökumenische Kirchentag 2003 in Berlin, den ich noch mit auf den Weg bringen konnte, wird vielleicht in Deutschland ein sichtbarer Auftakt dafür sein. Ich bleibe dabei, Ökumene ist eine zentrale Dimension kirchlicher Existenz. Jede Kirche ist nur eine Provinz der Weltchristenheit. Dieses Bewußtsein müssen wir in den kommenden Jahren und Jahrzehnten stärken in unserem Reden und Tun, Handeln und Beten – auf daß die Seinen alle eins seien!

Kirche auf dem Weg ins Jahr 2000

Vortrag beim Sprengelbesuch

St. Jacobikirche, Hildesheim, 1.10.99

1. Das Jahr 2000 muß nicht um seiner Bedeutung willen, sondern um der Menschen willen ernst genommen werden.

Das Leitwort der Evangelischen Kirche in Deutschland für den Übergang in das neue Jahrtausend lehnt sich an Psalm 31 an: „Meine Zeit steht in deinen Händen". Ich finde, das ist eine gute Wahl: Wir können uns Gott anvertrauen sowohl im Rückblick auf das Vergangene als auch im Vorausblick auf das Neue. In Relation zu Gottes Zeit und Ewigkeit ist der Jahreswechsel 1999 zu 2000 nicht von Bedeutung. Wann war der exakte Zeitpunkt von Jesu Geburt – wir wissen es nicht. Er wurde im Rückblick berechnet von der Feststellung her, daß Jesus frühestens im Jahr 27, spätestens im Jahr 34 gekreuzigt wurde. Beginnt das Jahrhundert nicht erst am 1.1.2001, wie uns kluge Menschen immer wieder belehren? Das stimmt zwar, da als Jahr 1 das Jahr gilt, in dem Jesus geboren wurde. Die Festlegung der Jahrtausendschwelle auf den 31.12.99 hat aber offensichtlich hohen emotionalen Wert. Alle vier Zahlen ändern sich. Plötzlich keine 1 mehr vorn wie bei allen, die in diesem Jahrtausend lebten. Das wird als großer Einschnitt empfunden.

Viele Menschen blicken gebannt auf diesen Zeitpunkt. Irrsinnige Preise für Flüge mit der Concorde, um den Jahreswechsel zweimal zu erleben. Ein Kampf um die Rechte der Pazifikinsel, die zuerst das neue Jahrtausend erblickt – angeblich will eine Insel eigens die Zeit umstellen. Kein Hotelzimmer mehr in London und Paris und auch nicht in Disneyland. Das Jahrtausendwochenende im Adlon Berlin gibt es ab 8500 DM. Champagner könnte ausverkauft sein, wird werbewirksam erklärt. Selbstmorde werden in großer Zahl erwartet. All das zeigt, dass die Mensch auf dieses Jahr als Zäsur blicken. Und deshalb sollten wir versuchen, ihnen nahe zu sein, ihre Sorgen ernst zu nehmen. Ich finde es beispielsweise gut und richtig, wenn Kirchen ihre Türen in der Silvesternacht 99/00 öffnen. Wir haben davon zu reden, daß Endzeitängste, die Drohungen mit Zeitenenden hinfällig sind, wenn wir uns Gott anvertrauen. „Der du die Zeit in Händen hast, Herr, nimm auch dieses Jahres Last!" heißt es in einem Lied von Jochen Klepper.

Darüber hinaus können wir die Zäsur nutzen, um Bilanz zu ziehen und in die Zukunft zu blicken. Da die Zeitrechnung der Welt das Geburtsjahr Jesu zum Bezugspunkt hat, kann der Jahrhundert und Jahrtausendwechsel genutzt werden, um auf die Bedeutung Gottes aufmerksam zu machen in einer säkularisierten Welt. Der Geburtstag Jesu kann aus diesem Anlaß gefeiert werden als Einbrechen der Realität Gottes in unsere Welt. So bin ich gewillt, das Datum als Chance zu nutzen: nüchtern und kreativ. Es kann darum gehen, zurückzublicken, Bilanz zu ziehen mit Blick auf die vergangenen 1000 Jahre Kirchengeschichte: Einerseits die Schuld, die Kirchen auf sich geladen haben, andererseits die Ausbreitung des Evangeliums in alle Welt. Der Wechsel zum Jahr 2000 kann auch ein Datum sein, über die Zukunft der Kirche nachzudenken, wie sie es mir für heute abend aufgetragen haben.

Eines ist mir dabei wichtig: Ich rede aus dem Kontext der deutschen Kirchen. Unsere Situation ist schon sehr differenziert, eigentlich müßte ich sagen, aus der Erkenntnis der westdeutschen Kirchen. Vielfach spiegelt sich diese Situation in Westeuropa, manches davon auch in Osteuropa. Kirchen in Übersee aber sind junge Kirchen, von nachchristlichem Zeitalter kann da gar keine Rede sein, sondern diese Kirchen wachsen und gedeihen. Sie sind Kirchen, die mehrheitlich von der jungen Generation bestimmt sind. Bei Besuchen im Mutterland der Reformation sind Christinnen und Christen aus den Kontinenten des Südens meist zutiefst erschrocken über den geringen Gottesdienstbesuch und die Abwesenheit der Jugend in den Kirchen. Wenn ich also im Folgenden von ‚der Kirche‘ spreche, meine ich die deutschen evangelischen Kirchen.

2. Die Kirche kann sich in wandelnden Zeiten mutig auf den Weg mitten in die Welt machen – wir befinden uns in einer missionarischen Situation

In der vergangen Woche war ich zu einer Tagung der leitenden Geistlichen lutherischer Kirchen in Europa in Meißen. Auch dort ging es um „Das Evangelium beim Anbruch des 3. Millenium", es wurde sich ausgetauscht über die Zukunft der Kirche. An einer Stelle kam es für mich zu einem spannenden Streit. Ein Bischof sprach darüber, daß er den vielbeschworenen religiösen Bedürfnissen der Menschen nicht über den Weg traue. Es müsse um Verbindlichkeit gehen, und die sei bei denen, die sich nur am Heiligen Abend versammeln, doch nicht zu finden. Es gehe nicht darum, die Schwellen niedrig zu hängen, sondern man müsse auch einmal die Füße heben, die Kirche könne den Menschen doch nicht alles ersparen, was es ihnen schwierig oder ärgerlich mache, in die Kirche zu kommen.[1]

Diese Position ist redlich und sicher auch geprägt von den bitteren Erfahrungen vieler Evangelischer in Ostdeutschland. Dennoch ist meine Position eine andere. Ich meine, die Kirche muß die religiöse Suche und Orientierungslosigkeit der Menschen ernst nehmen als missionarische Herausforderung. Warum finden die Suchenden unserer Zeit keine Antwort in der Kirche? Liegt es wirklich nur daran, daß sie keine Verbindlichkeit wollen? Ist tatsächlich die Säkularisierung an allem schuld? Oder müssen wir als Christinnen und Christen neu lernen, vom Evangelium zu reden in unserer Zeit, im Sinne des Evangeliums zu handeln in unserer Zeit?

Mir liegt daran, drei Gruppen zu unterscheiden. Das eine sind unsere Mitglieder. Bei der großen Studie „Fremde Heimat Kirche" haben 45% der Kirchenmitglieder Ost und 40% der Kirchenmitglieder West der Aussage zugestimmt: „Mein Austritt hätte keine Folgen für die Kirche, denn es sind immer noch genügend Leute in der Kirche." Das finde ich traurig, beklemmend. Wir müssen diejenigen, die Kirchenmitglieder sind, stärken. Einerseits sagen: Wir brauchen euch, ihr seid uns wichtig, ihr gehört dazu. Andererseits ist deutlich zu machen, daß Kirchenmitgliedschaft Teil christlicher Existenz ist. Es wäre sicher wichtig, die Austrittsschwelle zu erhöhen. Zwar hat die hannoversche Landeskirche noch immer mehr als 3,2 Millionen Mitglieder. Aber deren Zugehörigkeit muß „gepflegt" werden, wie es im Vereinsdeutsch heißt.

---

[1] Vgl. Volker Kreß, Die Zukunft der Kirche und die Kirche der Zukunft, Vortrag bei der Kirchenleiterkonferenz für LWB-Mitgliedskirchen in Europa, Meißen, 27.9.99.

Zum anderen geht es um Ausgetretene. 53% der Ausgetretenen West und 56% der Ausgetretenen Ost erklärten, die Kirche sei ihnen gleichgültig; 35% West und 56% Ost, daß sie mit dem Glauben nichts mehr anfangen können bzw. keine Religion brauchen. Das ist eine ziemlich radikale Anfrage an unsere Verkündigung und unseren Unterricht!

Schließlich geht es um Menschen, die nie Mitglied waren. Wie kann ihnen ein Zugang ermöglicht werden? Das ist eine enorme Herausforderung heute. Wir haben Mission immer auf die Kontinente des Südens verlegt. Heute müssen wir fragen: Was heißt Mission im säkularisierten Europa? Wie funktioniert das? Die Vorstellung, daß ein Mensch ohne Religion, d.h. ohne eine Ahnung bzw. Auseinandersetzung mit der Frage der Transzendenz im vollen Sinne existiert, ist beispielsweise der afrikanischen Kultur völlig fremd. Und auch unsere vermeintlich so säkulare Kultur ist doch durchsetzt mit religiösen Elementen. Was bedeutet es denn, wenn es in einer Werbung heißt: „Woher komme ich, wohin gehe ich, und warum weiß mein Auto (!!) die Antwort?"

Ich sehe die sogenannten rites de passages als großartige Chancen der Volkskirche. Wird ein Kind geboren, ein Paar getraut, ein Mensch beerdigt, so sind das Situationen, die die transzendente Dimension menschlichen Lebens sichtbar machen. Wir müssen diese Situationen nutzen. Ich kann Pastorinnen und Pastoren, aber auch alle Mitglieder der Kirche nur ermutigen, dies zu nutzen. Wenn am Weihnachtsabend beispielsweise unsere Kirchen voll sind, sollten wir das nicht mißbrauchen, um die Menschen zu beschimpfen, daß sie den Rest des Jahres nicht da waren, sondern sie willkommen heißen, abholen, diese großartige Chance zur Verkündigung nutzen. Zudem können wir unser

gottesdienstliches Leben erweitern. Schulanfangsgottes-
dienste sind ein gutes Beispiel dafür. Viele Menschen
nehmen nicht mehr an den wöchentlichen Sonntags-
gottesdiensten teil. Aber zu anderen Zeiten, in anderen Zeitrhythmen kommen sie durchaus. Darauf sollten wir uns einstellen, ohne vom Sonntagsgottesdienst
zu lassen. Wir können Ereignisse wie Stadtfeste nutzen. Wir können Ereignisse schaffen wie Konzerte,
Ausstellungen, Motorradgottesdienste, Jugendfeten, die
ohne Schwellenangst Begegnung mit Glaube und Kirche ermöglichen. Wir sollten kreativ darum ringen,
diese Gotteshäuser zu öffnen für Menschen. Und wir
sollten uns auch nicht scheuen, hinauszugehen, hin zu
den Menschen, um Gottesdienste an säkularen Orten
zu feiern. Tradition und Innovation schließen sich nicht
aus.

Kürzlich war ich zum Gottesdienst in einer Stadt,
die gerade Stadtfest feierte. Es geschah folgendes: Die
Gemeinde versammelte sich – ein recht kleiner Kreis
– und begann nach lutherischer Theologie den Abend-
mahlsgottesdienst. Der Altar und damit der Liturg waren entsetzlich weit von den wenigen Menschen ent-
fernt. Es war kalt und dunkel und lieblos. Die Liturgie
nahm ihren Lauf, als plötzlich draußen vom Stadtfest
her fröhliche Flöten und Paukentöne zu hören waren:
Der Festumzug fand statt! Ich habe mir spontan ge-
wünscht, die Türen aufzureißen, die freudige Schar
hereinzurufen, aber das war nicht möglich. Die Christinnen und Christen eingesperrt in Tristesse, während
draußen das Leben tobt. Dieses Bild hat mich depri-
miert. Wir verkündigen doch nicht einen Toten, sondern den Auferstandenen!

Eine zurückgezogene und den Menschen entfrem-
dete Kirche – das kann und darf nicht der Weg in die
Zukunft sein. Kirchen und Kathedralen sind Zeugnisse

des Glaubens. Kirchtürme verweisen in den Himmel. Ich wünsche mir gefüllte Gotteshäuser, die anziehend sind, weil sie von dem reden, was Menschen unmittelbar angeht. Wir sollten kreativ darum ringen, diese Gotteshäuser zu öffnen für Menschen, die auf der Suche nach religiösen Wurzeln sind.

3. *Die Kirche der Zukunft wird um die Glaubenssubstanz zu ringen haben.*

Können wir das Evangelium so predigen, daß es die Menschen trifft, sie etwas davon haben für ihr Leben?

Der Berliner Bischof Wolfgang Huber schreibt in seinem Buch ‚Kirche in der Zeitenwende': „Der erste Schritt zur Erneuerung der Kirche besteht darin, daß sie ... die eigene Botschaft ernst nimmt." (S. 235) Ich bin überzeugt, daß Huber recht hat. Wir müssen von unserer eigenen Sache reden, vom Glauben an Jesus Christus, davon, daß Gott die Welt geschaffen hat. Die Erde gehört Gott, und wir sind Haushalterinnen und Haushalter, die sie verantwortlich zu bebauen und zu bewahren haben.

Strukturdebatten können Krisenzeichen sein. Sie lenken die Konzentration weg von den Inhalten, können Innovation lähmen. Am Ende sind alle Strukturen geklärt, aber keine Menschen mehr da. So wichtig es ist, daß wir derzeit die Frage des Sparens, der Stellenplanung konsequent angehen, so sehr darf doch die eigentliche Aufgabe dadurch nicht verlagert werden. Bei meinen Besuchen in den Sprengeln treffe ich manchmal erschöpfte Kirchenkreistage, resignierte Pastoren und Pastorinnen, die des Sparens und Regionalisierens müde sind. Sicher müssen wir das durchstehen, aber über all dem darf nicht vergessen werden oder in den Hintergrund treten, daß wir den Glauben brauchen als „Kompaß in die unbekannte Zukunft"

(Wilson Niwagila, Tansania). Dann aber müssen wir unseren Glauben auch kennen.

Es geht um die Substanz des christlichen Glaubens: Bekenntnis. Zehn Gebote. Vaterunser. Luthers kleiner Katechismus faßt das gut zusammen. Es geht um die Botschaft des Evangeliums. Es geht um Psalmen zum Betenlernen. All das lenkt nicht ab vom Weltgeschehen, sondern gibt den festen Grund, auf dem der Mensch stehen und von dem aus er urteilen und handeln kann. Martin Luther hat das sola scriptura – allein die Schrift – zu einem Grundpfeiler evangelischer Existenz erklärt. Und dort können wir auch die Erneuerung der Kirche ansetzen. Immer wieder. Durch die Zeiten hindurch.

Es mag sein, daß wir in Schule und Unterricht in den letzten Jahren und Jahrzehnten so viel von der Umsetzung des Glaubens gesprochen haben, daß die Substanz des Glaubens dabei in den Hintergrund geriet. In jedem Fall wissen von den Jugendlichen heute nur noch wenige, was eigentlich evangelisch-lutherischer Glaube bedeutet. Vielleicht fällt ihnen bei Weihnachten noch etwas ein, aber bei Ostern hapert´s schon und bei Pfingsten ist dann alles aus. Aber das darf doch nun nicht voll Häme den Jugendlichen angelastet werden! Das Versagen liegt doch bei den Eltern und Lehrerinnen und Lehrern, den Pfarrerinnen und Pfarrern, uns allen als Christinnen und Christen!

Es heißt, daß nur 7% unserer Wahrnehmung verbal erfolgt. Gerade im Luthertum aber sind wir auf das gesprochene Wort konzentriert. Erinnern sie sich an Alice im Wunderland von Lewis Carrols? Da begegnet Alice einer Katze: Sie sitzt auf einem Ast und beginnt sich langsam aufzulösen. Zum Schluß bleibt nur noch der Mund übrig, der mit Alice spricht. Die Kirche des Wortes darf nicht nur ein Mund sein, der spricht. Sie hat für das Wort zu sorgen, das Fleisch wurde, mitten im Leben ist.

Wie ist das denn nun erfahrbar? Wenn Menschen beten neu lernen wollen, wie helfen wir ihnen? Wie wird die geistliche Substanz der Kirchen erkennbar, wahrnehmbar, zugänglich? Das ist die vielleicht größte Herausforderung der Zukunft.

Auf dem Weg ins Jahr 2000 müssen wir der Spiritualität mehr Beachtung schenken. Ich denke an Malerei und Musik – wieviele biblische Geschichten, wieviel Theologie wurde über sie transportiert, denken wir an da Vinci oder Bach. Heute sind es andere Töne und Farben, aber es ist die gleiche Erzählkunst. Ich denke an Meditation und Tanz, an Töpfern und Singen, an die christliche Mystik, an die Wahrnehmung der Natur. Sicher kann mit all dem Mißbrauch getrieben werden und es ist danach zu urteilen, was denn „Christum treibet". Solche Zugänge zum Wort Gottes dürfen wir den Menschen aber nicht verschließen, auch wenn nichts über eine gute Predigt geht.

4. *Auf dem Weg ins Jahr 2000 muß sich die Kirche ihrer sozialethischen Grundsätze vergewissern.*

Glaube und Weltverantwortung gehören zusammen. Die großen Herausforderungen von Gerechtigkeit, Frieden und Schöpfungsbewahrung bleiben erhalten. Dies gilt jeweils in unserem eigenen Kontext und weltweit.

• In unserer Gesellschaft stellt sich die Frage der Gerechtigkeit und damit der Menschenwürde mit Blick auf die, die in einer Leistungsgesellschaft an den Rand gedrängt werden. Weltweit kann es nicht angehen, daß ein Drittel der Menschheit unterhalb der Armutsgrenze leben muß und Millionen auf der Flucht sind. Nicht wissen, wo und wovon sie am nächsten Tag leben sollen. Und die Situationen sind verknüpft: Flüchtlinge sind doch nur die Botschafterinnen und Botschafter des weltweiten Elends.

• Die Frage nach einer Kultur des Friedens darf die Kirchen nicht loslassen. Wiederum: Das gilt im kleinen wie Großen, für die Gewalt in den Familien wie die Kriege dieser Welt. Die ökumenische Dekade „Gewalt überwinden", die der Ökumenische Rat der Kirchen für die Jahre 2001 bis 2010 ausgerufen hat, könnte einen Anlaß und einen Rahmen bieten, die Friedensdiskussion und die Friedensethik der Kirche aus anderem Blickwinkel neu zu beleben.

• Die Erde ist uns anvertraut, sie zu bebauen und zu bewahren. Nachhaltigkeit für kommende Generationen statt Konsum bis zum Kollaps steht auf der Tagesordnung. In diesem Bereich sollten die Kirchen besonders auch der Gentechnologie Aufmerksamkeit widmen. Wenn Eltern in Zukunft die Gene ihres Kindes bewußt zusammenstellen: Junge oder Mädchen, naturwissenschaftlich oder sprachlich begabt, blond oder braun, schwarz oder weiß – dann ändert sich das Selbstverständnis des Menschen radikal!

Die Kirche wurde von Trutz Rentoff einmal als „Institution der Freiheit" bezeichnet.[2] Wir müssen immer wieder klar machen, daß es dabei nicht so sehr um Freiheit von, sondern um Freiheit zu geht. Der Freiheitsbegriff ist in unserer Gesellschaft endgültig pervertiert, wenn es nur noch darum geht, pausenlos konsumieren zu können. Der Sonntag ist erhaltenswert, weil er dem Leben einen Rhythmus gibt. Das berühmte burn-out Syndrom ist bei Manschen zu finden, de-

---

[2] Vgl. Trutz Rendtorff, Theologische Probleme der Volkskirche, in: Wenzel u.a. (Hg.), Volkskirche – Kirche der Zukunft?, Hamburg 1977, S. 104ff.

ren Leben diesen Rhythmus von Arbeit und Ruhe, von laut und leise, von Festtag und Alltag verloren hat. Eine Gesellschaft kann offenbar diesem Syndrom ebenfalls erliegen.

Als Christinnen und Christen haben wir Werte wie Freiheit, Solidarität, Gerechtigkeit, Frieden und Nachhaltigkeit in unsere Gesellschaft einzubringen. Wir tun das beispielsweise im diakonischen Bereich an vielen Orten. Da geht es um praktizierte Nächstenliebe, die sich im christlichen Glauben verankert weiß. Dabei kann die Kirche gewiß viel von der Wirtschaft lernen, was Werbung und Management betrifft. Eines aber sollte sie nicht lernen: Effektivität nach rein ökonomischen Gesichtspunkten. Wer die Pflege im Krankenhaus, im Altenheim, die Erziehung in Kindergarten und Schule, die Betreuung im Behindertenheim und die Suchtberatung, die Beratung von Schuldnern und von Ehepaaren nur noch unter ökonomischen Gesichtspunkten sehen kann, verliert die evangelischen Grundlagen aus den Augen. Es mag sein, daß für einmal Waschen eines alten Menschen 15 Minuten reichen. Aber sie reichen nicht für die Einsamkeit und die Menschenwürde. Der Druck der Ökonomie trifft viele unserer Einrichtungen. Bei allem finanziellen Engpaß wünsche ich mir aber, daß wir gegen diesen Druck den Maßstab der Menschlichkeit und Menschenwürde setzen.

5. *Die Frage der Beteiligung von jungen Leuten ist von zentraler Bedeutung.*

Mich betrübt und bedrückt, wie sehr unsere Kirche den Kontakt zur jungen Generation verloren hat. Das muß sich dringend und radikal ändern. Meine Kirchentagserfahrungen ermutigen mich, das nicht von vornherein als unmöglich anzusehen. Ich will vier Bereiche nennen:

5.1 Arbeit mit jungen Eltern

Meines Erachtens darf die Kirche nicht an der Krise der Erziehung vorbeisehen. Das „Aufwachsen in schwieriger Zeit" steht in engem Zusammenhang mit dem „Erziehen in schwieriger Zeit". Die antiautoritären Erziehungsansätze der 68er-Bewegung sind unter Beschuß geraten, aber wirklich neue Konzepte gibt es nicht. Wie buchstabiert sich Erziehung in der Mediengesellschaft, die eben gerade nicht den Medien die Erziehung überläßt? Viele Eltern fühlen sich mit der Erziehungsaufgabe völlig überfordert. Weil sie sich selbst ihrer Werte und Maßstäbe unsicher geworden sind, wissen sie nicht, auf welche Werte hin sie erziehen sollen. Selbst Leistung scheint kein allein gültiges Prinzip mehr in Zeiten, in denen auch eine gute berufliche Ausbildung keine bezahlte Arbeitsstelle garantiert.

So kommt es bei vielen Kindern zu Verwirrung, da die Regeln des Zusammenlebens nicht klar sind, fortwährend verändert werden. Bei vielen Eltern kommt es zu einer Art Erziehungsmüdigkeit, der die Kraft zur Orientierung fehlt. Da in den Zeiten der Individualisierung und Vereinzelung auch die Peer Group oder der Verein weniger eine Rolle spielen, übernehmen der Fernseher oder das isolierte Spiel am Computer.

In Krippen und Horten, vor allem in Kindergärten und auch in Schulen können Kirchen die Chance wahrnehmen, Maßstäbe für eine christliche Erziehung anzubieten. Sie können Eltern beistehen, ihnen Orientierung geben, beispielsweise durch das Anregen von Ritualen. Gemeinsames Tischgebet könnte da ein wichtiges Moment christlicher Kultur in einer Gesellschaft sein, die der gemeinsamen Mahlzeiten entwöhnt ist, fast-food-orientiert im Vorübergehen Nahrung aufnimmt. Dabei liegt mir daran, den Blick auf alle Konstellationen von Familie zu richten: auf Alleinerziehende wie traditionelle Familien, auf das Zusammenleben von Erwachsenen und Kindern, von Alten und Jungen in den verschiedenen Konstellationen, die eine Realität sind in unserem Land.

5.2 Unterricht (RU und KU): Es geht um die Fundamente

Die Kirche der Zukunft muß vom Glauben erzählen. Die Geschichten der Hoffnung. Chris Rea singt in seinem Lied „Tell me there's a heaven.":
Sag mir, daß es einen Himmel gibt,
Sag mir daß es wahr ist,
Sag mir, warum ich sehe, was ich tu´,
Sag mir, daß es einen Himmel gibt,
Wo alle diese Menschen hingehen,
Sag mir, daß sie jetzt glücklich sind,
Papa, sag mir, daß es so ist.[4]
Wir haben vom Glauben zu erzählen! Auf Lehrfragen hat Jesus mit Geschichten geantwortet! Mir liegt daran, daß ein solches Erzählen sich unbefangen dem Gebrauch der Medien inkl. Neuer Medien öffnet. Oft stehen Kirchenmenschen dem befangen gegenüber, brüsten sich damit, dieses nun nicht mehr lernen zu wollen. Beim Kirchentag gab es eine Bibelarbeit als Videosession, eine „im Cyberspace" – sie waren voll gepackt mit jungen Leuten und haben ihre Botschaft durchaus vermittelt.

---

[4] „Longing for belonging. The language of the future.", Übersetzung nach Paul Otto Brunstadt, Vortrag bei der Kirchenleiter–Konferenz für LWB-Mitgliedskirchen in Europa, Meißen, 27.9.99

5.3   Spaß haben

Die Shell Jugendstudie hat gezeigt, daß das allererste Motiv für Jugendliche, sich zu engagieren, das Motiv ist: „Es muß Spaß machen".

Ein solches Motiv wird in der Kirche meistens schnell verurteilt. So geht das doch nicht. Mir hat eingeleuchtet, daß der Marburger Theologe Ulrich Schwab sagt: „‚Spaß haben' – das ist vielleicht tatsächlich die jugendspezifische Formel für ein selbstbestimmtes, gelingendes Leben – und vielleicht in diesem Sinne dann ein wichtiger Anknüpfungspunkt für die Botschaft des Evangeliums."[4] Aber: Dürfen Gottesdienste, darf Kirche Spaß machen? Vor allem Gottesdienste sind ein Problem, was das Verhältnis von Kirche und Jugend betrifft. Noch einmal Ulrich Schwab: „Der herkömmliche Sonntagsgottesdienst – verbunden mit der Besuchspflicht für Konfirmandinnen und Konfirmanden – ist ein wesentlicher Faktor für die Entstehung des gängigen Kirchenklischees von Jugendlichen im Sinne von langweilig, autoritär und unverständlich ..."[5] Deshalb bin ich überzeugt, daß die Sprache junger Leute, ihre Musik, ihre Suche nach einer Clique von der Kirche ernst genommen werden müssen. Wir müssen sie beteiligen! Schwab macht einen interessanten Vorschlag: Einmal im Jahr sollte eine Gemeinde einen eigenen Jugendbericht zusammen mit Jugendlichen erstellen. „Wie leben sie, welche Probleme gibt es?" Das könnte sinnvolle Anknüpfungspunkte geben. Dann werden auch ihre Themen zu Wort kommen: Jugendarbeitslosigkeit.Das Problem, einen Ausbildungsplatz zu finden. Die Integrationsprobleme von ethnischen Minderheiten.

---

[4]   Ulrich Schwab, Jungsein und Kirche, in: Pastoraltheologie 9/1999, S. 334ff., S. 341.
[5]   Ebd. S. 342.

Aber: Wollen wir die Jugendlichen wirklich, oder haben wir dann nicht doch wieder Angst um unsere frisch renovierten Gemeinderäume?

Wir haben als Kirchen eine Verantwortung, junge Menschen zu begleiten. Der norwegische Theologe Paul Otto Brunstadt zeigt in seiner spannenden Studie zur Jugendkultur heute Sehnsucht der Jugend nach Geborgenheit, Zugehörigkeit auf. Es geht darum, ihnen Heimat zu geben. Ja, ja das ist so ein Wort, das ein bißchen nach Landsmannschaft und Volksmusik klingt. Aber glauben Sie mir, in den Flüchtlingslagern, die ich für den Ökumenischen Rat der Kirchen besucht habe, hat das Wort für mich einen anderen Klang bekommen. Es geht um Zugehörigkeit.

Brunstadt schreibt: „Es geht um die Zukunft der neuen Generation. Wie können wir jungen Menschen ein Gefühl der Zugehörigkeit und Geborgenheit verschaffen, einen Freiraum, in dem zerbrechliche Körper Teil eines Ganzen sein können?[6]

Ich wünsche mir, daß die Kirche der Zukunft dieser Ort ist.

6. *Der Weg ins Jahr 2000 sollte ökumenische Maßstäbe setzen.*

Das vergangene Jahrhundert gilt als das ökumenische. Nach einer langen Spaltungsgeschichte hat sich in den meisten Kirchen das Bewußtsein durchgesetzt, Teil der einen weltweiten Kirche Jesu Christi zu sein. „Versöhnte Verschiedenheit", „Koinonia", „Konziliarität der Konfessionen", „Gemeinschaft in Vielfalt" sind Versuche, dies auszudrücken.

---

[6] Brunstadt, aaO., S. 13

Im kommenden Jahrhundert wird diese Dimension noch wichtiger werden. Das gilt für

* die Repräsentanz nach außen, das Einbringen christlicher Werte und Normen;
* die Glaubwürdigkeit nach innen (gemeinsames Abendmahl);
* die Mission;
* den Dialog mit anderen Religionen;
* den europäischen Horizont;
* den Ausgleich zwischen Nord und Süd.

Dies alles kann ich heute abend nicht im einzelnen ausführen. Ich will aber betonen, daß m. E. diese Dimension ein Kennzeichen der Kirche Jesu Christi ist.

7. *Die Kirche auf dem Weg in das Jahr 2000 kann Kirche für andere und Kirche mit anderen sein.*

Die Kirche hat zwar keine Grenzen, doch sie braucht eine Mitte. Diese Mitte ist die geistliche Substanz, sie ist die biblische Botschaft, das Evangelium. Die Mitte der biblischen Botschaft wiederum ist Christus, auf ihn sind wir gewiesen. Christus, das Kreuz, die Auferstehung, das ist der Mittelpunkt. Von hier aus können wir mutig in die Zukunft gehen, uns Gott anvertrauen, Tradiertes bewahren, Neues wagen mitten in unserer Zeit und Welt.

Die Kirche ist stets auf dem Weg gewesen. So ist sie auch getrost mit all ihren Herausforderungen und Fehlern auf dem Weg in das Jahr 2000. Wir können nur an ihr bauen, sie mitgestalten, so gut es uns möglich ist. Und in Treue zu dem, was uns überliefert ist. Hier in Deutschland sehe ich unseren Weg bei allem Wandel weiterhin als den einer Volkskirche. Volkskirche ist Kirche für andere und mit anderen. Der Weg mag durch Irrungen und Wirrungen gehen, aber es ist doch ein von Gottes Geist begleiteter Weg, darum haben wir zu beten.

Ich möchte schließen mit den Versen von Jochen Klepper, die uns zur Jahreswende begleiten können:

Der du allein der Ewige heißt
Und Anfang Ziel und Mitte weißt
Im Fluge unsrer Zeiten.
Bleib du uns gnädig zugewandt
Und führe uns an deiner Hand,
Damit wir sicher schreiten.

In diesem Sinne wünsche ich uns allen einen guten und gemeinsamen Weg als Kirche auf dem Weg ins Jahr 2000.

Ökumenische Dekade
„Gewalt überwinden"

Junge Kirche 2/99

Es war einer der wenigen konkreten Beschlüsse der 8. Vollversammlung des Ökumenischen Rates der Kirchen (ÖRK) im Dezember 1998 in Harare (Zimbabwe): Eine ökumenische Dekade „Gewalt überwinden" wurde am letzten Tag per Abstimmung unter die Programmrichtlinien für die kommenden Jahre aufgenommen. Mehr als diese dürre Nachricht liegt bisher nicht vor, noch nicht einmal der autorisierte endgültige Text ist zugänglich. Dennoch wurde dieser Beschluß von vielen mit großer Freude und auch Erleichterung aufgenommen, ermöglicht er doch eine Kontinuität der sozialethischen Arbeit in der ökumenischen Bewegung, signalisiert er doch einen Anknüpfungspunkt vieler dem ÖRK verbundener Gruppen, die sich durch manch andere Diskussion in Harare eher entfremdet sahen.

Die Dekade also ist neu, das Thema ist alt. Schon seit seiner Gründung hat der ÖRK die Frage des Verhältnisses der Kirchen zur Gewalt auf der Tagesordnung – die Idee einer Gemeinschaft der Kirchen in Anlehnung an den Völkerbund entstand vor allem auch unter dem Eindruck der Schrecken des Ersten Weltkrieges. Anfang der 40er Jahre schließlich sollte der Weltkirchenrat gegründet werden, wiederum ein Weltkrieg noch größeren Ausmaßes verschob diese Gründung auf das Jahr 1948. Bei der Gründungsversammlung in Amsterdam wurde gemeinsam formuliert: „Krieg darf nach Gottes Willen nicht sein." Die Konsequenzen daraus aber reichten von der pazifistischen Option der historischen Friedenskirchen über ein Verständnis des Staates als göttlicher Ordnung, die Christen verpflichten kann, ihr Land zu verteidigen, bis hin zur Lehre vom gerechten Krieg. Zwar war die Lehre vom gerechten Krieg zunehmend umstritten. Viele argumentierten aber, daß angesichts der Entwicklung von Massenvernichtungsmitteln diese Lehre eine kritische Funktion erfüllen könne, denn die Kriterien, nach denen ein Krieg als gerecht bezeichnet werden könne, könnten nicht mehr erfüllt werden.

In den folgenden Jahren wurde der Ökumenische Rat immer wieder von Kriegen und bürgerkriegsähnlichen Auseinandersetzungen herausgefordert. Vor allem der Koreakrieg stellte die Gemeinschaft der Kirchen auf eine harte Probe. Die Hoffnung blieb bestehen, daß ein Zusammenwachsen der Kirchen, zumindest die Rolle der Religion als Faktor des Krieges reduzieren und die ökumenische Bewegung zum Frieden in der Welt beitragen könnte. Diese Herausforderung ist bis heute bestehen geblieben, der Krieg im ehemaligen Jugoslawien ist nur ein Beispiel hierfür.

Die Frage der Gewalt wurde in den späten 60er und den frühen 70er Jahren neu gestellt. Befreiungsbewegungen, der Kampf gegen den Rassismus und die Frage nach einer „gerechten Revolution" stellten nun von ganz anderer Seite die Frage nach „gerechter Gewalt". Es wäre spannend, diese Diskussion zwanzig Jahre später noch einmal genau anzuschauen. Während der Aufführung einer zimbabwischen Theatergruppe im Afrikaplenum der 8. Vollversammlung des ÖRK wurde sehr deutlich die Frage gestellt, ob eine mit Gewalt errungene Befreiung den Kreislauf der Gewalt überhaupt unterbrechen kann oder nicht wiederum Gewalt hervorbringt. Diese Fragen wurden bereits Anfang der 70er Jahre im ÖRK diskutiert. Der Zentralausschuß verabschiedete 1973 eine Erklärung über „Violence, Nonviolence and Social Change", in der unter anderem die Legitimität von Gewalt diskutiert wurde. Auch wenn das Dokument eine Legitimation von Gewalt ablehnt, zeigt es doch die großen Sympathien der ökumenischen Bewegung mit den Befreiungsbewegungen. Gleichzeitig entwickelte sich eine deutliche Ablehnung der Massenvernichtungsmittel. Bei der Vollversammlung in Nairobi 1975 erklärten die Delegierten ihre Bereitschaft, ohne den Schutz von Waffen zu leben. Diese Erklärung gab damals einen Anstoß zur Gründung vieler Friedensgruppen; in der Bundesrepublik etwa entstand „Ohne Rüstung leben". In der Weiterarbeit fand im November 1981 in Amsterdam eine große Anhörung zur Abrüstung statt: „Before it's too late".

Die Frage der Gewalt fand schließlich Eingang in den bei der Vollversammlung 1983 in Vancouver beschlossenen Konziliaren Prozeß für Gerechtigkeit, Frieden und Bewahrung der Schöpfung. Der Konziliare Prozeß wurde in der Gewaltfrage geradezu ein Bindeglied. Ungerechtigkeit als strukturelle Gewalt, Krieg als militärische Form der Gewalt und Schöpfungszerstörung als Gewalt gegen die ökologische Integrität waren ein Zeichen für die Verknüpfung sehr unterschiedlicher Themen. Kurz vor der 7. Vollversammlung 1991 in Canberra (Australien) schien ein Konsens der Kirchen greifbar, daß jede theologische Legitimation von Gewalt abzulehnen sei. Dieser Konsens wurde allerdings durch die Debatte um den Golfkrieg heftig herausgefordert. Die Vollversammlung, die während des Golfkrieges selbst tagte, konnte sich auf eine Ablehnung militärischer Intervention nicht einigen.

Ein Programm gewinnt Gestalt

Soweit der stichwortartige Rückblick, der die neue Dekade einbettet in die Geschichte der ökumenischen Bewegung – sie wurde nicht im luftleeren Raum beschlossen! Bei der Zentralausschußsitzung 1994 stand das Thema Gewalt bereits auf der Tagesordnung, als beim zentralen Festgottesdienst der methodistische Bischof Stanley Mogoba fragte, ob es nun, nach der Überwindung der Diktatur der Apartheid in Südafrika, nicht an der Zeit sei, das Programm zur Bekämpfung des Rassismus durch ein Programm zur Bekämpfung der Gewalt zu ersetzen. Diese Anregung wurde vom Zentralausschuß aufgegriffen. Da das „bekämpfen" der Gewalt aber als eine schwierige Zusammenstellung erschien, wurde zurückgegriffen auf Römer 12: „Überwindet das Böse durch das Gute." Ein „Programm zur Überwindung der Gewalt" (Programme to overcome Violence – POV) wurde beschlossen. Dieses Programm wurde auf der nächsten Zentralausschußsitzung präzisiert, indem einerseits auf theologische und ekklesiologische Fragen verwiesen, andererseits erklärt wurde, es gehe nicht um die Darstellung von Gewaltsituationen, sondern um die Kirchen als Subjekte der Gewaltüberwindung.

Im April 1996 traf sich schließlich eine kleine Gruppe in Rio de Janeiro, um nun endlich Konkretisierungen des Programms zu beraten. Eine Initiative wurde gesucht, die bei den vielen Dimensionen der Gewaltfrage zunächst einmal Aufmerksamkeit und Profil für das „Programm zur Überwindung der Gewalt" gewinnen sollte. So wurde die Kampagne „Friede für die Stadt" („Peace to the City") ins Leben gerufen. Hierfür gab es zwei Gründe: Zum einen sind die Stadt und der Friede in der Stadt wichtige Symbole in der Bibel. Die heilige Stadt Jerusalem und ebenso Babel, die Stadt, die

Gott zerstörte, sind Zeichen für das Verhältnis der Menschen zu Gott. Eine Stadt kann treu sein oder zur Hure werden, sie kann erhöht werden oder bestraft werden (Jesaja 1,21; 23,7; 24,10). Die Erneuerung der Stadt steht für die Wiederherstellung der Bundesbeziehung zwischen Gott und den Menschen (Jeremia 30,18; 31,38). Die Stadt ist auch Teil der eschatologischen Vision. Hier wird das Wasser des Lebens durch die Mitte der Stadt fließen, Gott wird unter den Menschen wohnen und alle Tränen abwischen, die Gewalt wird ein Ende haben. So ist die Stadt ein Mikrokosmos der Welt und steht exemplarisch für die Vision des Friedens (Offenbarung 21). Gleichzeitig ist die Stadt ein Mikrokosmos der Welt und steht exemplarisch für all die Fragen der Gewalt. Das gilt für die Gewalt in der Familie, die strukturelle Gewalt ebenso wie die Rüstungsproduktion.

„Friede für die Stadt"

Die Koordinatonsgruppe entschied, sieben Städte in der ganzen Welt zu suchen, in denen kirchliche Gruppen gemeinsam mit zivilgesellschaftlichen Initiativen konkrete Formen der Gewaltüberwindung praktizieren. Sie sollten zunächst Beispiele für die vielen Möglichkeiten und Methoden, für Kreativität und Zivilcourage aufzeigen. So wurden sieben Städte ausgewählt: *Rio de Janeiro*, wo 4000 Menschen pro Jahr einen gewaltsamen Tod sterben, die meisten davon in den Favelas. Hier gibt es eine exemplarische Zusammenarbeit in „Viva Rio", einer Nicht-Regierungsorganisation, die Strategien entwickelt, um ein neues gewaltfreies Zusammenleben zu ermöglichen. In Südafrika, der Wiege des POV, wurde *Durban* gewählt, wo im „Diaconia Council of Churches" 16 lokale Organisationen zusammenarbeiten, um den Kreislauf der Gewalt zu durchbrechen.

Hier geht es besonders um Vertrauensbildung und Dialog zwischen Mitgliedern des „African National Congress" (ANC) und der „Inkatha Freedom Party" (IFP). In Nordamerika fiel die Wahl auf *Boston*, wo die „Ten Point Coalition" insbesondere mit Jugendlichen in Gangs arbeitet. In Europa ist *Belfast* an der Kampagne „Friede für die Stadt" beteiligt als Symbol des Mißbrauchs von Religion in einem Konflikt. In Asien fiel die Wahl auf *Colombo*, wo der „National Peace Council of Sri Lanka" sich bemüht, nach den Gewaltkonflikten während der Wahl 1994 zwischen Singhalesen und Tamilen zu vermitteln. Schließlich *Kingston*, Jamaika, als Ort, an dem die Jugendkriminalität die Herausforderung für die Kirchen darstellt und *Suva* in Fidschi, wo ethnische Konflikte einen Alltag der Gewalt bestimmen.

Die Kampagne hat sich dadurch ausgezeichnet, daß sie nicht neue Initiativen gründete, sondern durch eine Verknüpfung existierender Initiativen neue Kreativität hervorbrachte. Diese Verknüpfung nutzte vor allen Dingen ein Medium, das selbst für Gewaltpromotion mißbraucht wird, das Internet. Mit einer Webpage (http://wcc.-coe.org/pov), die monatliche Informationen aus den Städten weiterleitete, mit Chats, aber auch über Video-Produktionen wurden andere Gruppen und Kirchen zu Initiativen der Gewaltüberwindung ermutigt. Die Gruppen vor Ort selbst haben erklärt, daß die größte Ermutigung in diesem Prozeß in der Verknüpfung liegt. Dafür, für diese Art von Globalisierung unter einem anderen Paradigma, ist die ökumenische Bewegung geradezu prädestiniert.

Gestützt wurde der Entschluß für eine Dekade der Gewaltüberwindung in Harare nicht nur durch die positiven Erfahrungen der „Peace to the City Campaign" (PCC), die auf dem Padare (Markt) vorgestellt wurde. Hinzu kamen zwei weitere Elemente: In Harare wurde der Abschluß der ökumenischen Dekade „Kirche in Solidarität mit den Frauen" markiert. Am Ende dieser Dekade war deutlich, daß Gewalterfahrungen ein, wenn nicht das verbindende Thema zwischen Frauen in aller Welt sind. Eine Weiterarbeit am Thema der Gewalt ist geradezu zwingend aus der Auswertung der Dekade abzuleiten. Das zweite Element war die Entscheidung der UN-Vollversammlung vom 10. November 1998, das Jahrzehnt von 2001 bis 2010 zu einer Dekade für eine Kultur des Friedens und der Gewaltfreiheit für die Kinder der Welt zu erklären. Hier könnte eine neue Möglichkeit der Kooperation entwickelt werden.

Gemeinsames Engagement gefragt

Nun ist die Dekade Teil der Programmrichtlinien des ÖRK für die kommenden Jahre. Was kann daraus werden? Zum einen ist zu hoffen, daß der Ökumenische Rat mit Entschlossenheit und den entsprechenden Ressourcen diese Initiative aufnimmt und ausbaut. Die große Chance des Ökumenischen Rates liegt ja darin, daß Kirchen in aller Welt existieren, Gemeinden in allen Ländern vor Ort sind. Sie könnten ihrerseits die Herausforderung der Gewalt, die ihnen sozusagen vor den Füßen liegt, aufgreifen. Auf ganz verschiedenen Ebenen könnten Fragen der Gewalt an Kindern, Gewalt gegen Frauen, strukturelle Gewalt, ökologische Gewalt, die Frage von Krieg und Frieden und Rüstungsproduktion wie -export aufgegriffen werden. Aktionen vor Ort, die deutlich machen, daß Pazifismus nicht Passivität bedeutet, sondern daß es kreative Aktionen zur Gewaltüberwindung gibt (die sieben Städte haben in diesem Zusammenhang viele überzeugende lebensnahe und lebensfrohe Möglichkeiten aufgezeigt), könnten eine neue Begeisterung für ein neues ökumenisches Thema und gemeinsames, Grenzen überschreitendes

Engagement hervorbringen. Kirchengemeinden und Ausbildungseinrichtungen könnten Orte werden, an denen Mediation als Methode gelehrt wird. Die Erfahrungen mit den aus dem Konziliaren Prozeß hervorgegangenen Schalom-Diakonaten müßten genutzt werden. Eine neue theologische Diskussion um die Frage der Gewalt könnte stattfinden und Impulse aus der Versöhnungsdiskussion im Zusammenhang mit der Europäischen Ökumenischen Versammlung in Graz, aber auch der Wahrheitskommission in Südafrika und der „Impunity-Debatte" in Lateinamerika könnten aufgenommen werden.

Gewalt zu überwinden ist ein dringendes Anliegen. Die Rolle des Ökumenischen Rates könnte darin bestehen, die internationale theologische Debatte anzuregen. Vor allem die exegetische Auseinandersetzung mit den biblischen Grundlagen ist wichtig. Über das Erzählen der Geschichten der Gewaltüberwindung könnte neue Kreativität der Kirchen selbst entwickelt werden. Die Kirchen würden nicht länger beim Lamento über Gewalt stehenbleiben, sondern selbst aktiv werden und den Frieden, den sie verkünden, auch in Aktion umsetzen. Methoden und Perspektiven in konkreten Konflikten wie über Konflikte hinaus zu entwikkeln, das könnte genau eine Aufgabe der ökumenischen Bewegung sein. Lokal und global, persönliche Erfahrungen und internationale Politik wären nicht entfremdet, sondern Dimensionen eines Phänomens. Vielleicht wäre es dann auch möglich, eines Tages Interventionen nicht als die letzte Möglichkeit zu sehen, sondern viele Schritte vorab zu gehen, um eine Intervention gar nicht notwendig werden zu lassen.

Die Dekade birgt eine große Chance. Auf dem kommenden Deutschen Evangelischen Kirchentag im Juni in Stuttgart wird ein ganztägiges Forum sich bemühen, erste Schritte bei uns zu initiieren und kleine Initiativen vor Ort in Schulen und Fußballstadien mit den weltweiten Aspekten zu verknüpfen. Die Herausforderung für die Dekade liegt auf der Hand. Es bleibt zu hoffen und dafür zu arbeiten, daß sie in die Tat umgesetzt wird. Das wäre für die ökumenische Bewegung, die Kirchen und nicht zuletzt den Ökumenischen Rat der Kirchen ein großer Gewinn – an Profil, an Kreativität und an Glaubwürdigkeit.